寻觅历史的踪迹

主编 ◎ 王子安

汕头大学出版社

图书在版编目（CIP）数据

寻觅历史的踪迹 / 王子安主编． -- 汕头 ：汕头大学出版社，2012.5（2024.1重印）
ISBN 978-7-5658-0766-4

Ⅰ．①寻… Ⅱ．①王… Ⅲ．①考古学－通俗读物 Ⅳ．①K85-49

中国版本图书馆CIP数据核字（2012）第096721号

寻觅历史的踪迹　　　　　　　　　XUNMI LISHI DE ZONGJI

主　　编：	王子安
责任编辑：	胡开祥
责任技编：	黄东生
封面设计：	君阅书装
出版发行：	汕头大学出版社
	广东省汕头市汕头大学内　邮编：515063
电　　话：	0754-82904613
印　　刷：	三河市嵩川印刷有限公司
开　　本：	710 mm×1000 mm　1/16
印　　张：	16
字　　数：	90千字
版　　次：	2012年5月第1版
印　　次：	2024年1月第2次印刷
定　　价：	69.00元

ISBN 978-7-5658-0766-4

版权所有，翻版必究

如发现印装质量问题，请与承印厂联系退换

前　言

　　浩瀚的宇宙,神秘的地球,以及那些目前为止人类尚不足以弄明白的事物总是像磁铁般地吸引着有着强烈好奇心的人们。无论是年少的还是年长的,人们总是去不断的学习,为的是能更好地了解与我们生活息息相关的各种事物。身为二十一世纪新一代的青年,我们有责任也更有义务去学习、了解、研究我们所处的环境,这对青少年读者的学习和生活都有着很大的益处。这不仅可以丰富青少年读者的知识结构,而且还可以拓宽青少年读者的眼界。

　　考古是发掘历史的探铲,历史在考古的手中重新回到地面、回到现实、回到人们的记忆中。总的说来,历史从未走远,历史藏在深处,而发掘出它们,依靠的即是考古。本书讲述的即是跟考古相关的知识,共分为六章。第一章对考古学做了一个简单的概述;第二章介绍了伟大的中华考古发现,包括黄河流域、华北、西南、西北、中原地区等考古遗址;第三至六章则分别介绍了亚洲、欧洲、美洲、非洲的考古遗迹。阅读此书后,青少年学生一定会对考古知识有一个大致的了解,拓宽自己的知识面。

　　综上所述,《寻觅历史的踪迹》一书记载了考古知识中最精彩的部分,从实际出发,根据读者的阅读要求与阅读口味,为读者呈现最有可读性兼趣味性的内容,让读者更加方便地了解历史万物,从而扩大青少年读者的知识容量,提高青少年的知识层面,丰富读者的知识结构,引发读者对万物产生新思想、新概念,从而对世界万物有更加深入的认识。

此外，本书为了迎合广大青少年读者的阅读兴趣，还配有相应的图文解说与介绍，再加上简约、独具一格的版式设计，以及多元素色彩的内容编排，使本书的内容更加生动化、更有吸引力，使本来生趣盎然的知识内容变得更加新鲜亮丽，从而提高了读者在阅读时的感官效果，使读者零距离感受世界万物的深奥、亲身触摸社会历史的奥秘。在阅读本书的同时，青少年读者还可以轻松享受书中内容带来的愉悦，提升读者对万物的审美感，使读者更加热爱自然万物。

　　尽管本书在制作过程中力求精益求精，但是由于编者水平与时间的有限、仓促，使得本书难免会存在一些不足之处，敬请广大青少年读者予以见谅，并给予批评。希望本书能够成为广大青少年读者成长的良师益友，并使青少年读者的思想得到一定程度上的升华。

2012年7月

目录 contents

第一章　古老的文物

文物的分类与功能…………3　　文物的定级标准…………8

文物的鉴定内容与方法…………7

第二章　古代建筑文物与壁画文物

建筑简述…………20　　古代建筑文物…………50

壁画简述…………46　　古代壁画文物…………91

第三章　玉石陶瓷漆与金属类文物

中国的玉器…………97　　悠久的漆器…………134

中国的石器…………112　　文物大鳄"青铜器"…………139

古老的陶器…………119　　久远的铁器…………144

精美的瓷器…………124　　珍贵的金银器…………146

第四章　书画碑刻与印玺砚类文物

中国书法体简介…………151　　"黑老虎"碑帖…………180

中国的古籍善本…………160　　古老尊贵的玺印…………185

精美的绘画艺术…………164　　文房之宝"古砚"…………195

第五章　织绣、珐琅、象牙与钱币家具

俊美亮丽的织绣…………201　　古老的财富"钱币"…………211

神秘性感的珐琅…………207　　卧榻之宝——家具…………221

精雕细刻的象牙…………209

第六章　文物故事与文物大家

与文物有关的故事…………235　　文物大家介绍…………244

第一章

古老的文物

寻觅历史的踪迹

文物是人类历史发展过程中遗留下来的遗迹，是人类宝贵的历史文化遗产。在中国，"文物"一词始于《左传·桓公二年》："夫德，俭而有度，登降有数，文物以纪之，声明以发之；以临照百官，百官于是乎戒惧而不敢易纪律。"古时的"文、物"原指当时的礼乐典章制度，与现代所指文物的涵义不同。北宋中叶，以青铜器、石刻为主要研究对象的金石学兴起，从而诞生了研究各种古代器物的"古器物学"或"古物学"。明清时代称这些古物为"古董""骨董""古玩"。总之，文物就是遗存在社会上或埋藏在地下的人类文化遗物。包括具有历史、艺术、科学价值的文化遗址、墓葬、建筑、碑刻、艺术品、工艺美术品、生活用品、文献资料、手稿、古旧图书等。

文物可以分为两大体系：一是文物保护单位；一是散存文物。其中，文物保护单位是指不能移动的文物。包括革命遗址和革命纪念建筑物；古代遗址；古代墓葬；古建筑、历史纪念建筑物；石窟、石刻等。散存文物是指可以移动的文物。包括革命文物（指1840年至1949年以来的有关革命遗物）、历史文物（历代的石器、玉器、陶器、瓷器、铜器、铁器、金属器、骨角器、漆器、砖瓦、石刻、织绣、玺印、书画、舆图、货币、徽章、文献、拓片以及纸笔墨砚、钟表、眼镜、景泰蓝、下班器皿、名遗照片等）、民族文物（指近现代国内少数民族文物，而1840年以前的古代少数民族文物归入历史文物类）、外国文物（指古代、近代和现代由外国传入中国有历史、艺术、科学价值的文物）。本章我们就来说一说有关文物的定义、分类、鉴定等话题。

第一章 古老的文物

文物的分类与功能

文物是人类在历史发展过程中遗留下来的遗物、遗迹。各类文物从不同的侧面反映了各个历史时期人类的社会活动、社会关系、意识形态以及利用自然、改造自然和当时生态环境的状况，是人类宝贵的历史文化遗产，具有重要的历史、艺术和科学价值。"文物"一词始见于《左传》。《左传·桓公二年》记载："夫德，俭而有度，登降有数，文物以纪之，声明以发之；以临照百官，百官于是乎戒惧而不敢易纪律。"《后汉书·南匈奴传》记载："制衣裳，备文物。"这里所说的"文、物"是指当时的礼乐典章制度，与现代文物的涵义不同。北宋中叶，以青铜器、石刻为主要研究对象的金石学兴起，各种古代器物称为"古器物""古物"。明代和清初，各种古代器物称为"古董""骨董"。清乾隆年间开始使用"古玩"一词。值得注意的是，

《左传》

这里的古董、骨董和古玩主要是指书画、碑帖以外的古器物。1930年，国民政府颁布的《古物保存法》明确规定："本法所称古物是指与考古学、历史学、古生物学及其他与文化有关之一切古物而

3

寻觅历史的踪迹

言。"1935年北平市政府编辑出版了《旧都文物略》，成立了专门负责研究、修整古代建筑的"北平文物整理委员会"此时"文物"的概念开始确立并广泛运用。

◆ 文物的分类标准

依据中国社会科学院语言研究所编辑的《现代汉语词典》及《辞海》，我们可以得知文物是"历史遗留下来的在文化发展史上有价值的东西，如建筑、碑刻、工具、武器、生活器皿和各种艺术品。"文物是"遗存在社会上或埋藏在地下的历史文化遗物"。《辞海》中的文物分类标准包括：与重大历史事件、革命运动和重要人物有关的、具有纪念意义和历史价值的建筑物、遗址、纪念物等；具有历史、艺术、科学价值的古文化遗址、古墓群、古建筑、石窟寺、石刻等；各时代有价值的艺术品、工艺美术品等；革命文献资料以及具有历史、艺术和科学价值的古旧图书资料；反映各时代社会制度、社会生产、社会生活的代表性实物。

而在《文物保护法》中，十分明确地指出了国家保护文物的范围。也就是说，国家保护文物的范围，也就是文物所包括的内容和文物的分类标准。具体来说，文物可以分为两大体系：一是文物保护单位；一是散存文物。其中，文物保护单位是指不能移动的文物。包括革命遗址和革命纪念建筑物、古代遗址、古代墓葬、古建筑以及历史纪念建筑物、石窟、石刻等。散存文物是指可以移动的文物。包括革命文物（指1840年至1949年以来的有关革命遗物）、历史文物（历代的石器、玉器、陶器、瓷器、铜器、铁器、金属

瓦窑堡革命旧址

第一章 古老的文物

器、骨角器、漆器、砖瓦、石刻、织绣、玺印、书画、舆图、货币、徽章、文献、拓片以及纸笔墨砚、钟表、眼镜、景泰蓝、下班器皿、名遗照片等）、民族文物（指现代国内少数民族文物，而1840年以前的古代少数民族文物归入历史文物类）、外国文物（指古代、近代和现代由外国传入中国有历史、艺术、科学价值的文物）。

总的来说，在中华人民共和国境内，具有下列历史、艺术、科学价值的古物即受国家保护，也就是属于"文物"。一是具有历史、艺术、科学价值的古文化遗址、古墓葬、古建筑、石窟寺和石刻；二是与重大历史事件、革命运动和著名人物有关的，具有重要纪念意义、教育意义和文物史料价值的建筑物、遗址、纪念物；三是历史上各时代珍贵的艺术品、工艺美术品；四是重要的革命文献资料以及具有历史、艺术、科学价值的手稿、古旧图书资料等；五是反映历史上各时代、各民族社会制度、社会生产、社会生活的代表性实物。

总之，文物是人类社会活动中遗留下来的具有历史、艺术、科学价值的遗物和遗迹，它是历史上物质文化和精神文化的遗存，具有历

世界历史文化遗产——退思园

史、艺术、科学价值，是重要的文化遗产。文物与具有科学价值的古脊椎动物化石和古人类化石一样，均受到国家法律的严格保护。

◆ 文物的功能

文物的历史文化功能主要有：一是向人民群众进行爱国主义、革

寻觅历史的踪迹

命传统和历史唯物主义教育的实物教材。人们通过文物可以深刻体会自己的国家与民族在世界历史上的地位，以及先辈们为了反抗外敌入侵和推翻旧制度而英勇斗争的光辉事迹；二是历史发展的见证，可以起到补充历史记载的作用。比如我国商代以前的历史，即是完全靠地下出土的文物得到证实和恢复的；三是文明古国的标志，是重要的旅游文化资源；四是可以忠实记录历史上的地理变迁、水文、地震情况等科学历史作用，为发展现代科学技术提供必不可少的借鉴。

文物百花园

物质和非物质文化遗产

文化遗产包括物质文化遗产和非物质文化遗产。物质文化遗产主要是具有历史、艺术和科学价值的文物，包括可移动文物和不可移动文物。不可移动文物是指古文化遗址、古墓葬、古建筑、石窟寺、石刻、壁画、近现代重要史迹和代表性建筑。可移动文物是指历史上各时代重要实物、艺术品、文献、手稿、图书资料、代表性实物等，分为珍贵文物和一般文物。珍贵文物分为一级文物、二级文物、三级文物。

非物质文化遗产，是指各民族人民世代相承的、与群众生活

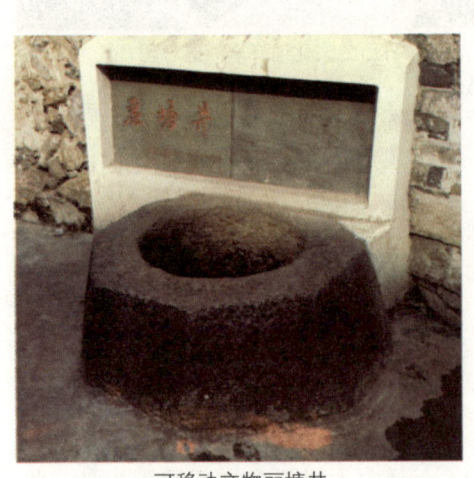

可移动文物丽塘井

第一章 古老的文物

密切相关的各种传统文化表现形式（如民俗活动、表演艺术、传统知识和技能，以及与之相关的器具、实物、手工制品等）和文化空间。非物质文化遗产包括：在民间长期口耳相传的诗歌、神话、史诗、故事、传说、谣谚；传统的音乐、舞蹈、戏剧、曲艺、杂技、木偶、皮影等民间表演艺术；广大民众世代传承的人生礼仪、岁时活动、节日庆典、民间体育和竞技，以及有关生产、生活的其他习俗；有关自然界和宇宙的民间传统知识和实践；传统的手工艺技能；与上述文化表现形式相关的文化场所等。

文物的鉴定内容与方法

文物鉴定是运用科学方法，通过比较、分析等手段，对文物真伪、年代、质地、用途、价值所作的辨识与判断，是文物保护管理的依据。文物鉴定的主要对象有两方面：一是可移动的文物，即文物藏品和流散文物；二是不可移动文物，即文化史迹。文物鉴定的对象包括石器、玉器、陶器、铜器、金器、银器、铁器、锡铅器、瓷器、珐琅器、漆器、竹木器、骨角牙器和书画、碑帖、善本书籍、文献、纪念品、古建筑、纪念建筑、石窟寺、石刻等。值得注意的是，古墓葬、遗址中的地下文物，除作为博物馆、图书馆等单位作为文物藏品收藏者外，不属文物鉴定范围。

文物鉴定的主要内容包括文物真伪、年代、价值与级别。辨伪是首要任务，不仅要辨明流散中传世文物的赝品，而且也要用于文化史迹的构件。文物真伪，最根本的是时代不同。因此辨伪与断代紧密联系。对大量无纪年文物，也需进行断代鉴定。经过辨伪、断代，即可评定文物的价值，并据以分级，

寻觅历史的踪迹

没有价值的遗存不属于文物。任何文物都是历史的见证，并具有一定的艺术水平和科学水平。根据其历史、艺术、科学价值，可确定哪些属于国家珍贵文物。我国的国家珍贵文物分为一、二、三级；文化史迹分为全国重点文物保护单位，省、自治区、直辖市级文物保护单位，市县级文物保护单位。

文物鉴定的基本方法包括传统方法和现代科学方法。传统鉴定方法是在文物分类基础上，对同类文物进行比较辨别和综合考察。比较辨别是以已知真伪、年代的同类文物作为标准器，对照待鉴定文物进行对比分析，找出两者之间在形制、质地、花纹、工艺等方面相同与相异之处，作出科学判断。综合考察除对待识别文物本身进行调查外，还结合文献考证和鉴定同类文物一般规律的总结，进行综合分析判断。现代科学方法主要是运用现代科学技术与传统鉴定方法相结合，进行分析鉴定。

文物的定级标准

◆ 中国一级文物的定级标准

我国一级文物的定级标准主要有十四个方面，具体来说即分别是：

（1）反映中国各个历史时期的生产关系及其经济制度、政治制度，以及有关社会历史发展的特别重要的代表性文物；

（2）反映历代生产力的发展、生产技术的进步和科学发明创造的特别重要的代表性文物；

（3）反映各民族社会历史发展和促进民族团结、维护祖国统一的特别重要的代表性文物；

（4）反映历代劳动人民反抗剥削、压迫和著名起义领袖的特别重要的代表性文物；

（5）反映历代中外关系和在政

第一章　古老的文物

治、经济、军事、科技、教育、文化、艺术、宗教、卫生、体育等方面相互交流的特别重要的代表性文物；

（6）反映中华民族抗御外侮，反抗侵略的历史事件和重要历史人物的特别重要的代表性文物；

（7）反映历代著名的思想家、政治家、军事家、科学家、发明家、教育家、文学家、艺术家等特别重要的代表性文物，著名工匠的特别重要的代表性作品；

（8）反映各民族生活习俗、文化艺术、工艺美术、宗教信仰的具有特别重要价值的代表性文物；

（9）中国古旧图书中具有特别重要价值的代表性的善本；

（10）反映有关国际共产主义运动中的重大事件和杰出领袖人物的革命实践活动，以及为中国革命做出重大贡献的国际主义战士的特别重要的代表性文物；

（11）与中国近代（1840—1949年）历史上的重大事件、重要人物、著名烈士、著名英雄模范有关的特别重要的代表性文物；

（12）与中华人民共和国成立以来的重大历史事件、重大建设成就、重要领袖人物、著名烈士、著名英雄模范有关的特别重要的代表性文物；

（13）与中国共产党和近代其他各党派、团体的重大事件，重要人物、爱国侨胞及其他社会知名人士有关的特别重要的代表性文物；

（14）其他具有特别重要历史、艺术、科学价值的代表性文物。

一级文物属于国家重点保护文物，其依据我国文物的类别范围涉

国家一级文物东汉彩釉砖

寻觅历史的踪迹

及古文化遗址、古墓葬、古建筑、石窟寺、石刻、古书画、古文献、石器、玉器、陶器、骨角牙器、铜器、铁器、金器、银器、铅锌器、瓷器、漆器、竹木器、纺织品、工艺品等。下面我们就来分别举例说明一下我国一级文物的定级标准：

玉、石器的定级标准：时代确切，质地优良，在艺术上和工艺上有特色和有特别重要价值的；有确切出土地点，有刻文、铭记、款识或其他重要特征，可作为断代标准的；有明显地方特点，能代表考古学一种文化类型、一个地区或作坊

陶 器

杰出成就的；能反映某一时代风格和艺术水平的有关民族关系和中外关系的代表作。

陶器的定级标准：代表考古学某一文化类型，其造型和纹饰具有特别重要价值的；有确切出土地点可作为断代标准的；三彩作品中造型优美、色彩艳丽、具有特别重要价值的；紫砂器中，器形完美，出于古代与近代名家之手的代表性作品。

瓷器的定级标准：时代确切，在艺术上或工艺上有特别重要价值的；在纪年或确切出土地点可作为断代标准的；造型、纹饰、釉色等能反映时代风格和浓郁民族色彩的；有文献记载的名瓷、历代官窑及民窑的代表作。

铜器的定级标准：造型、纹饰精美，能代表某个时期工艺铸造技术水平的；有确切出土地点可作为断代标准的；铭文反映重大历史事件、重要历史人物的或书法艺术水平高的；在工艺发展史上具有特别重要价值的。

铁器的定级标准：在中国冶

第一章 古老的文物

铸、锻造史上，占有特别重要地位的钢铁制品；有明确出土地点和特别重要价值的铁质文物；有铭文或错金银、镶嵌等精湛工艺的古代器具；历代名人所用，或与重大历史事件有直接联系的铁制历史遗物。

金银器的定级标准：工艺水平高超，造型或纹饰十分精美，具有特别重要价值的；年代、地点确切或有名款，可作断代标准的金银制品。

漆器的定级标准：具体标准有：代表某一历史时期典型工艺品种和特点的；造型、纹饰、雕工工艺水平高超的；著名工匠的代表作品。

雕塑的定级标准：造型优美、时代确切，或有题记款识，具有鲜明时代特点和艺术风格的金属、玉、石、木、泥和陶瓷、髹漆、牙骨等各种质地的，具有特别重要价值的雕塑作品。

石刻砖瓦的定级标准：时代较早，有代表性的石刻；刻有年款或物主铭记可作为断代标准的造像碑；能直接反映社会生产、生活、神态生动、造型优美的石雕；技法精巧、内容丰富的画像石；有重大史料价值或艺术价值的碑碣墓志；文字或纹饰精美，历史、艺术价值特别重要的砖瓦。

书法绘画的定级标准：元代

金银器

以前比较完整的书画；唐以前首尾齐全有年款的写本；宋以前经卷中有作者或纪年且书法水平较高的；宋、元时代有名款或虽无名款而艺术水平较高的；具有特别重要价值的历代名人手迹；明清以来特别重要艺术流派或著名书画家的精品。

古砚的定级标准：时代确切，质地良好、遗存稀少的；造型与纹饰具有鲜明时代特征，工艺水平很高的端、歙等四大名砚；有确切出

寻觅历史的踪迹

土地点、或流传有绪、制作精美、保存完好，可作断代标准的；历代重要历史人物使用过的或题铭价值很高的；历代著名工匠的代表作品。

甲骨的定级标准：所记内容具有特别重要的史料价值，龟甲、兽骨比较完整的；所刻文字精美或具有特点，能起断代作用的。

玺印符牌的定级标准：具有特别重要价值的官私玺、印、封泥和符牌；明、清篆刻中主要流派或主要代表人物的代表作品。

钱币的定级标准：在中国钱币发展史上占有特别重要地位、具有特别重要价值的历代钱币、钱范和钞版。

牙骨角器的定级标准：时代确切，在雕刻艺术史上具有特别重要价值的；反映民族工艺特点和工艺发展史的；各个时期著名工匠或艺术家代表作，以及历史久远的象牙制品。

竹木雕的定级标准：时代确切，具有特别重要价值，在竹木雕工艺史上有独特风格，可作为断代标准的；制作精巧、工艺水平极高的；著名工匠或艺术家的代表作品。

家具的定级标准：元代以前（含元代）的木质家具及精巧冥器；明清家具中以黄花梨、紫檀、鸡翅木、铁梨、乌木等珍贵木材制作、造型优美、保存完好、工艺精良的；明清时期制作精良的髹饰家具；明清及近现代名人使用的或具有重大历史价值的家具。

珐琅的定级标准：时代确切，具有鲜明特点，造型、纹饰、釉色、工艺水平很高的珐琅制品。

织绣的定级标准：时代、产地准确的；能代表一个历史时期工艺水平的具有特别重要价值的不同织绣品种的典型实物；色彩艳丽，纹饰精美，具有典型时代特征的；著名织绣工艺家的代表作。

古籍善本的定级标准：元以前的碑贴、写本、印本；明清两代著名学者、藏书家撰写或整理校订的、在某一学科领域有重要价值的

第一章 古老的文物

稿本、抄本；在图书内容、版刻水平、纸张、印刷、装帧等方面有特色的明清印本（包括刻本、活字本、有精美版画的印本、彩色套印本）、抄本；有明清时期著名学者、藏书家批校题跋、且批校题跋内容具有重要学术资料价值的印本、抄本。

碑帖拓本的定级标准：元代以前的碑帖拓本；明代整张拓片和罕见的拓本；初拓精本；原物重要且已佚失，拓本流传极少的清代或近代拓本；明清时期精拓套帖；清代及清代以前有历代名家重要题跋的拓本。

武器的定级标准：在武器发展史上，能代表一个历史阶段军械水平的；在重要战役或重要事件中使用的；历代著名人物使用的、具有特别重要价值的武器。

邮品的定级标准：反映清

珐琅磁

代、民国、解放区邮政历史的、存量稀少的；中华人民共和国建国以来具有特别重要价值的邮票和邮品。

文件、宣传品的定级标准：反映重大历史事件，内容重要，具有特别重要意义的正式文件或文件原

邮票

寻觅历史的踪迹

稿；传单、标语、宣传画、号外、捷报；证章、奖章、纪念章等。

档案文书的定级标准：从某一侧面反映社会生产关系、经济制度、政治制度和土地、人口、疆域变迁以及重大历史事件、重要历史人物事迹的历代诏谕、文告、题本、奏折、诰命、舆图、人丁黄册、田亩钱粮簿册、红白契约、文据、书札等官方档案和民间文书中，具有特别重要价值的。

名人遗物的定级标准：已故中国共产党著名领袖人物、各民主党派著名领导人、著名爱国侨领、著名社会活动家的具有特别重要价值的手稿、信札、题词、题字等以及具有特别重要意义的用品。

◆ 中国二级文物的定级标准

我国二级文物的定级标准主要有十二个方面，具体来说即分别是：

（1）反映中国各个历史时期的生产力和生产关系及其经济制度、政治制度，以及有关社会历史发展的具有重要价值的文物；

（2）反映一个地区、一个民族或某一个时代的具有重要价值的文物；

（3）反映某一历史人物、历史事件或对研究某一历史问题有重要价值的文物；

（4）反映某种考古学文化类型和文化特征，能说明某一历史问题的成组文物；

（5）历史、艺术、科学价值一般，但材质贵重的文物；

（6）反映各地区、各民族的重要民俗文物；

（7）历代著名艺术家或著名工匠的重要作品；

（8）古旧图书中有具有重要价

锯齿纹双耳壶

第一章　古老的文物

值的善本；

（9）反映中国近代（1840—1949年）历史上的重大事件、重要人物、著名烈士、著名英雄模范的具有重要价值的文物；

（10）反映中华人民共和国成立以来的重大历史事件、重大建设成就、重要领袖人物、著名烈士、著名英雄模范的具有重要价值的文物；

（11）反映中国共产党和近代其他各党派、团体的重大事件，重要人物、爱国侨胞及其他社会知名人士的具有重要价值的文物；

（12）其他具有重要历史、艺术、科学价值的文物。

◆ 中国三级文物与一般文物的定级标准

我国三级文物的定级标准主要有十一个方面，具体来说即分别是：

（1）反映中国各个历史时期的生产力和生产关系及其经济制度、政治制度，以及有关社会历史发展的比较重要的文物；

（2）反映一个地区、一个民族或某一时代的具有比较重要价值的文物；

（3）反映某一历史事件或人物，对研究某一历史问题有比较重要价值的文物；

（4）反映某种考古学文化类型和文化特征的具有比较重要价值的文物；

（5）具有比较重要价值的民族、民俗文物；

（6）某一历史时期艺术水平和工艺水平较高，但有损伤的作品；

（7）古旧图书中具有比较重要价值的善本；

（8）反映中国近代（1840—1949年）历史上的重大事件、重要人物、著名烈士、著名英雄模范的具有比较重要价值的文物；

（9）反映中华人民共和国成立以来的重大历史事件、重大建设成就、重要领袖人物、著名烈士、著名英雄模范的具有比较重要价值的文物；

（10）反映中国共产党和近代

寻觅历史的踪迹

其他各党派、团体的重大事件，重要人物、爱国侨胞及其他社会知名人士的具有比较重要价值的文物；

（11）其它具有比较重要的历史、艺术、科学价值的文物。

我国一般文物的定级标准主要有七个方面，具体来说即分别是：

（1）反映中国各个历史时期的生产力和生产关系及其经济制度、政治制度，以及有关社会历史发展的具有一定价值的文物；

（2）具有一定价值的民族、民俗文物；

（3）反映某一历史事件、历史人物，具有一定价值的文物；

（4）具有一定价值的古旧图书、资料等；

（5）具有一定价值的历代生产、生活用具等；

（6）具有一定价值的历代艺术品、工艺品等；

（7）其他具有一定历史、艺术、科学价值的文物。

除此之外，国家文物局对于一般文物的定级标准，还作出了如下特别强调：博物馆、文物单位等有关文物收藏机构，均可用本标准对其文物藏品鉴选和定级。社会上其他散存的文物，需要定级时，可照此执行。

第二章 古代建筑文物与壁画文物

寻觅历史的踪迹

在五千年的悠久历史中,我国的先人创造了光辉灿烂的建筑文化。中国建筑在世界的东方独树一帜,和欧洲建筑、伊斯兰建筑,并称世界三大建筑体系。博大精深的中国建筑文化,在古代以中国为中心,以汉式建筑为主,传播至日本、朝鲜、蒙古、越南,形成了别具一格的"泛东亚建筑风格"。中国古建筑分为宫殿、石窟、民居、城池、园林、寺庙、道观、陵墓等类别,内容丰富多彩。其中,石窟原是印度的一种佛教建筑形式。佛教提倡遁世隐修,因此僧侣们选择崇山峻岭的幽僻之地开凿石窟,以便修行之用。中国的石窟起初是仿印度石窟的制度开凿的,多建在北方黄河流域。甘肃敦煌莫高窟、甘肃天水麦积山石窟、山西大同云冈石窟和河南洛阳龙门石窟被称为中国四大石窟。寺庙是我国悠久历史文化的象征。在佛教中,寺庙有许

中国寺庙道观

第二章 古代建筑文物与壁画文物

多种称谓。如"寺",最初并不是指佛教寺庙,秦代通常将官舍称为寺,汉代把接待从西方来的高僧居住的地方称为寺,从此"寺"便逐渐成为中国佛教建筑的专称。也就是说,"寺"是佛教传到中国后,中国人为尊重佛教,对佛教建筑的新称呼。在道教中,寺庙的称谓也很多。道教创立之初,其宗教组织和活动场所皆以"治"称之,又称为"庐""靖""静宝"。南北朝时,道教的活动场所称为仙馆。北周武帝时称"观"。到了唐朝,道教建筑称为"宫""院""祠"等。寺庙文化完整地保存了我国各个朝代的历史文物,是"历史文物的保险库"。同时,寺庙文化与我国的天文、地理、建筑、绘画、书法、雕刻、音乐、舞蹈、文物、庙会、民俗等文化艺术形式彼此联系、交融。陵墓一般指中国帝王的坟墓,是古代建筑的重要类型。现代对革命领袖的坟墓也称陵,如中山陵。我国的陵墓是种集建筑、雕刻、绘画、自然环境于一体的综合性艺术。壁画是以绘制、雕塑或其他造型手段在天然或人工壁面上制作的画,是人类历史上最早的绘画形式之一。接下来,本章就来说一说诸如宫殿、石窟、寺庙、陵墓等古代建筑文物与壁画文物。

寻觅历史的踪迹

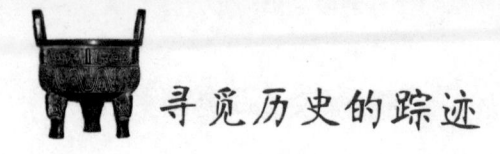

建筑简述

◆中国古代建筑简述

中国古代建筑可分为十种，即：宫廷府第建筑（如皇宫、衙署、殿堂、宅第）、防御守卫建筑（如城墙、城楼、堞楼、村堡、关隘、长城、烽火台）、纪念性和点缀性建筑（如市楼、钟楼、鼓楼、过街楼、牌坊、影壁）、陵墓建筑（如石阙、石坊、崖墓、祭台、帝王陵寝宫殿）、园林建筑（如御园、宫囿、花园、别墅）、祭祀性建筑（如文庙、武庙、宗祠）、桥梁及水利建筑（如石桥、木桥、堤坝、港口、码头）、民居建筑（如窑洞、茅屋、草庵、民宅、庭堂、院落）、宗教建筑（如佛教的寺、庵、堂、院，道教的祠、宫、庙、观，回教的清真寺，基督教的礼拜堂）、娱乐性建筑（如乐楼、舞楼、戏台、露台、看台）。接下来，我们就来简单叙述一下中国古代建筑的发展简史。

（1）先秦与秦朝时期的古建筑

公元前21世纪，禹的儿子启建立了中国历史上第一个奴隶制国家夏朝。为镇压奴隶和平民的反抗，设军队，制刑法，修监狱，筑城墙，建立了国家机器。公元前16世纪，夏朝最后一个王桀暴虐无道，居住在黄河下游的商部落在首领汤的率领下乘机起兵攻夏，灭亡了夏。商朝最早的国都在亳（今河南商丘）。公元前14世纪，商朝第二十位国王盘庚从"奄"（今山东曲阜）迁至"殷"（今安阳小屯），直至商朝灭亡。后人称这段

第二章　古代建筑文物与壁画文物

历史为殷朝，此地也称殷都。殷都被西周废弃之后，逐渐沦为废墟，故称"殷墟"。公元前11世纪中期，周武王联合西方和南方的部落灭亡了商朝。周武王都城镐京，史称西周。为了巩固奴隶主政权，西周实行分封制。公元前770年，周平王迁都到东边的洛邑，称为东周。东周又分"春秋"和"战国"两个时期。商周时期的建筑如今仅仅留下了废墟，但从实际考古资料中，我们仍然可以窥见诸如大商的安阳、大周的镐京等远古都城的面貌，以及蕴涵其中的都市建筑布局意识与先进的城市市政设计、编排能力。

秦朝是我国历史上一个极为重要的朝代，对后世有极其深远的影响。秦都咸阳，是现知始建于战国的最大城市。它北依毕塬，南临渭水，咸阳宫东西横贯全城，连成一片，居高临下，气势雄伟。解放后在接近宫殿区中心部位发掘出了咸阳宫"一号宫殿"遗址。遗址东西长60米，南北宽45米，高出地面约6米，它利用土塬为基加高夯筑成台，形成二元式的阙形宫殿建筑。它台顶建楼两层，其下各层建围廊和敞厅，使全台外观如同三层，非常壮观。上层正中为主体建筑，周围及下层分别为卧室、过厅、浴室等。下层有回廊，廊下以砖漫地，檐下有卵石散水。室内墙壁皆绘壁画，壁画内容有人物、动物、车马、植物、建筑、神怪和各种边饰。色彩有黑、赫、大红、朱红、石青、石绿等。秦始皇统一天下后，以咸阳宫翼阙为核心而扩大，还仿建六国宫殿。在他即位的第35

安阳殷墟

寻觅历史的踪迹

复原的阿房宫

年就命工匠在咸阳宫旁边的上林苑建了一个"复压三百余里,隔离天日"的庞大宫殿——阿房宫。秦始皇为了安排身后的归宿,还大肆修筑陵墓。他为自己精心策划了坟墓——骊山陵。另外,秦朝还在建筑上修建了一些举世闻名的防御及交通工程。派大将蒙恬率三十万大军北伐匈奴,将原来燕、赵、秦三国所建的城墙连接起来,加以补筑和修整。补筑的部分超过原来三国长城的总和,西起临洮(今甘肃岷县),东至辽东,延袤万余里,是古代世界上最伟大的工程之一。

(2)两汉时期的古建筑

两汉时期的建筑可谓中国建筑的青年时期,建筑事业极为活跃,建筑组合和结构处理上日臻完善。汉代屋墓的外廊或是庙堂、外门、墓内庞大的石往、斗拱,都是对木构建筑局部的真实模拟,寺庙和陵墓前的石阙都是忠实于木构建筑外形雕刻的,它们表示出木结构的一些构造细节。大量的汉代画像砖,画像石和明器(即冥器),对真实建筑的形象、室内布置,以及建筑组群布局等方面都作出形象具体的补充。西汉末叶,台榭建筑渐次减少,楼阁建筑开始兴起。另外,两汉建筑中出现了"阙"。阙是我国古代在城门、宫殿、祠庙、陵墓前用以记官爵、功绩的建筑物,用木或石雕砌而成。一般是两旁各一,称"双阙";也有在一大阙旁再建一小阙的,称"子母

第二章 古代建筑文物与壁画文物

阙"。汉代建筑组群多为廊院试布局，常以门、回廊衬托最后主体建筑的庄严重要，或以低小的次要房屋，纵横参差的屋顶，以及门窗上的雨塔，衬托中央主要部分，使整个组群呈现有主有从，富于变化的轮廓。最后，汉代的建筑艺术还体现在汉代园林与陵墓两方面。汉武帝扩建了秦始皇的上林苑，"园三百里，离宫七十余所，尽收石花异卉，珍禽奇兽。汉袁广汉於北邙山下筑园。"汉陵基本上和秦陵差不多，也是人工筑起的巨大四棱锥形坟丘。坟丘上建寝殿供祭祀，周以城垣，驻兵，设苑囿，迁富豪成陵邑，多半死前筑陵，厚葬，并以陶俑殉。东汉时废陵邑，但坟前立碑、神道、墓阙、墓表、使纪念性增强。砖的发明是建筑史上的重要成就之一。汉代建筑已广泛使用砖，西汉中后期至东汉砖石拱券结构日益发达，用于墓室、下水道，除并列纵联的砖砌筒壳外，还有穹窿顶和双曲扁壳。总之，汉代是中国古代建筑的第一个高峰。

文物百花园

汉代长安城

汉代城市建设以汉长安城为代表。汉长安城遗址位于西安龙首塬北坡的渭河南岸汉城乡一带，是中国古代最负盛名的都城，也是当时世界上最宏大、繁华的国际性大都市。公元前202年，高祖刘邦在秦兴乐宫的基础上营建长乐宫，揭开了长安城建设的序幕。公元前199年，丞相萧何提出"非壮丽无以重威"，营建未央宫。惠帝三年、五年，筑长安城墙，六年建西市。武帝元朔五年，在城南安门外建太学。元鼎二年修柏梁台。太初元年，在城西上林苑修建章宫，其东修凤阙；其北开凿太液

寻觅历史的踪迹

汉长安城遗址

地,中有蓬莱、方丈、流洲、壶梁,并建神明台、井干楼。太初四年又在长乐宫北建明光宫。至此,西汉长安城规模初定。王莽篡位后下令拆除汉上林苑中建章、承光、包阳、大台、储元宫等10余处建筑,将所得材料在城南营建新朝九庙。汉长安城三大宫之一的长乐宫位于城东南,面积5平方千米,占汉长安城面积的1/6,宫内共有前殿、宣德殿等14座宫殿台阁。未央宫位于城西南,始终是汉代的政治中心,史称西宫,其周长9千米,面积5平方千米,宫内共有40多个宫殿台阁,十分壮丽雄伟。建章宫是一组宫殿群,周围10余千米,号称"千门万户"。汉长安城以其宏大的规模、整齐的布局而载入都城发展的史册。东汉初期,光武帝刘秀定都洛阳以后,在周代成周城的基础上修筑扩建起一座更大规模的都城,自此这座城市作为东汉、曹魏、西晋、北魏时期全国的政治、经济和文化中心长达330多年之久,史称"汉魏洛阳故城"。

第二章 古代建筑文物与壁画文物

（3）魏晋南北朝时期的古建筑

魏晋南北朝时期是一个建筑技艺大发展的时期。在建筑装饰与工艺表现上，吸收了佛教式建筑艺术的种种生动的雕刻技艺，出现的饰纹、花草、鸟兽、人物的风格，均呈现出鲜明的佛教艺术特点，丰富了中华建筑的形象。魏晋南北朝时期的城市建设，最富有代表性的是北魏洛阳城、南朝建康城。此时期楼阁式建筑相当普遍，平面多为方形。南北朝时，盛行"舍宅为寺"的功德活动，许多王侯贵族宅地改建为佛寺。一些新建的大寺院仍采取塔为中心，四周由堂、阁围成方形庭院的布局。魏晋南北朝时期的古建筑中，塔是佛教建筑的一个代表种类，十分众多。"塔"原是印度的一种纪念性坟墓的通称，随佛教入中原。历史记载中的最大木塔是北魏时建造的洛阳永宁寺塔。魏晋以来，士大夫标榜旷达风流，园林多崇尚自然野致，此时贵族舍宅为寺之风盛，佛寺中亦多名园。园林中有土山、钓台、曲沼、飞梁、重阁等，叠石造山的技术亦已提高。魏晋因政治动荡，佛道盛行，厚葬之风渐衰，皇陵规模均小，南朝诸陵不起坟，不封土，不植树，亦无台阙。总之，魏晋南北朝建筑艺术进一步发展，楼阁式建筑相当普遍，平面多为方形；栏杆是直棂和勾片栏杆兼用；柱础覆盆高，莲瓣狭长；台基有砖铺散水和须弥座；门窗多用版门和直棂窗，天花常用"人"字坡，也有覆斗形天花；柱有直柱和八角柱等。

（4）隋唐五代时期的古建筑

隋代建筑是南北朝建筑向唐代

寺庙建筑

寻觅历史的踪迹

建筑转变的一个过渡,它的斗拱还比较简单,鸱尾形象较唐代建筑清瘦,但建筑的整体形象已变得饱满起来。赵州安济桥(赵州桥)位于河北赵县洨河上,由隋朝李春设计建造,是隋朝建筑史上的代表作。唐代的建筑发展到了一个成熟的时期,形成了一个完整的建筑体系。隋唐五代时期,佛寺建筑有新的发展。这一时期的佛寺建筑是在中国宫室型的基础上定型。唐代佛教建筑著名的有唐长安大兴善寺、陕西法门寺。南禅寺大殿是我国现存最早的木结构建筑,位于五台县东冶镇李家庄旁。该寺创建于唐德宗建中三年(公元782年),主殿面阔进深各三间,平面近正方形,单檐歇山顶,屋顶鸱尾秀拔,举折平缓,出檐深远,明间装板门,次间装直棂窗,转角处额不出头,阑额上不施普拍枋,斗拱为五铺作双抄单拱偷心造,用材颇大,唐风明显。佛光寺创建于北魏孝文帝时(公元471—499年)。隋唐时期,佛光寺内曾有三层七间高九丈五尺的弥勒大阁。现存寺内的唐代木构、泥塑、壁画、墨迹,寺内外的魏(或齐)唐墓塔、石雕交相辉映,是我

大雁塔

第二章　古代建筑文物与壁画文物

国历史文物中的瑰宝。唐塔大部分为楼阁式，可登临，典型平面均为方形。西安慈恩寺大雁塔（公元652年）、荐福寺的小雁塔是唐代塔寺的代表作。大雁塔位于西安和平门外慈恩寺内，也叫慈恩寺塔。唐高宗永徽三年（652年）由唐僧玄奘创建，用以存放其由印度带回的佛经。塔高64米，底边各长25米，整体呈方形角锥状，造形简洁，比例适度，庄严古朴。塔身有砖仿木构的枋、斗拱、栏额，塔内有盘梯可至顶层，各层四面均有砖券拱门，可凭栏远眺。塔底正面两龛内有褚遂良书写的《大唐三藏圣教序》和《圣教序》碑，四面门楣有唐刻佛像和天王像等研究唐代书法、绘画、雕刻艺术的重要文物，尤其是西面门楣上石刻殿堂图显示的唐代佛教建筑，是研究唐代建筑的珍贵资料。

文物百花园

隋唐五代佛寺建筑的特点

一是主体建筑居中，有明显的纵中轴线。由三门（象征"三解脱"，亦称山门）开始，纵列几重殿阁。中间以回廊联成几进院落。

二是在主体建筑两侧，仿宫廷第宅廊院式布局，排列若干小院落，各有特殊用途，如净土院、经院、库院等。如长安章敬寺有四十八院、五台山大华严寺有十五院。各院间亦由回廊联结。主体与附属建筑的回廊常绘壁画，成为画廊。

三是塔的位置由全寺中心逐渐变为独立。大殿前则常用点缀式的左右并立，不太大的常为实心的双塔，或于殿前、殿后、中轴线外置塔

院。僧人墓塔常于寺外，另立塔林。另外，石窟寺窟檐大量出现，且由石质仿木转向真正的木结构。

四是隋唐五代时期寺院，其俗讲、说因缘，带有民俗文化娱乐性质，佛寺中出现戏场，更加具有公共文化性质。与此同时，寺院还有供僧徒生活的僧舍、斋堂、库、厨等，有的大型佛寺还有磨坊、菜园。许多佛寺出租房屋供俗人居住，带有客馆性质。

（5）两宋辽金时期的古建筑

宋代建筑体量较小，绚烂而富于变化，呈现出细致柔丽的风格，出现了各种复杂形式的殿、台、楼、阁。建筑构件、建筑方法和工料估算进一步标准化、规范化，出现了总结这些经验的书籍，如《营造法式》和《木经》。其中李诫所著的《营造法式》是我国古代最全面、最科学的建筑学著作。宋时的城市建筑以开封为代表。汴梁城三重相套，第二重内城即唐时州城，内城中心偏北为州衙改建成的宫城，最外的郭城为后周显德二年（955年）扩建，周40余里。由宫城正门宣德门向南，通过汴河上的州桥及内城正门朱雀门到达郭城正门南薰门，是全城纵轴；州桥附近有东西向的干道与纵轴相交，为全城横轴。在宫城外东北有皇家园林艮岳，城内有寺观70余处，城外有大型园林金明池和琼林苑，这些都丰富了城市景观。宋代的城市正式取消了唐代的里坊制度和集中市场制，准许邻街设店。可以从宋画《清明上河图》清楚地看到这些。两宋

《瑞鹤图》

第二章 古代建筑文物与壁画文物

时期的宫殿建筑体量较唐时较小，细部装饰增加，注重彩画、雕刻，总体呈绚烂、柔丽的形象。宋徽宗赵佶所画的《瑞鹤图》和岩山寺的壁画描绘了此时期宫殿的形象。初祖庵大殿，位于河南登封少林寺西北2千米处五乳峰下，是最典型的宋式建筑。

公元916年，北方的契丹人建立了辽朝，侵占了山西、河北的北部，吸收汉文化，建筑风格保持了很多五代及唐的风格，再加上游牧民族豪放的性格，建筑物显得庄严而稳重。辽代有些殿宇东向，这与契丹族信鬼拜日、以东为上的宗教信仰和居住习俗有关。随后兴起的金朝在建筑领域由于工匠都是汉人，建筑兼具宋、辽风格。女真人攻破繁华的宋东京城后，按照宋金东京宫城的样式在中都建造了金朝的皇宫。皇宫的宫城在城中而稍偏西南，从丰宜门至通玄门的南北线上，南为宣阳门，北有拱辰门，东置宣华门，西设玉华门，前为官衙，后为宫殿。正殿为大安殿，北为仁政殿，东北为东宫，共有殿三十六座。此外还有众多的楼阁和园池名胜。城东北的琼华岛（即今北京北海公园）建有离宫，供皇帝游幸。现存的山西繁峙岩山寺的壁画反映了当时宫殿建筑的形象。

两宋辽金时期的建筑组群在形体组合则富变化，有由四周较低

开元寺塔

寻觅历史的踪迹

的建筑簇拥中央较高耸的殿阁，在整体总平面采沿轴线排列若干四合院。河北正定隆兴寺是现存宋朝佛寺建筑总体布局的一个重要实例。寺内摩尼殿建于北宋皇祐四年（1052年），是我国现存唯一一座平面呈十字形的大型佛殿。大悲阁是隆兴寺内的主体建筑。阁内所供即千手观音高24米，是北宋开宝四年（971年）建阁时所铸，是留存至今的中国古代最大的铜像。宋代的塔，形制由四边渐变为六边、八边或十边形，但以八形最为普遍。这种肇源于八卦方位图式的塔，不仅轮廓曲线优美圆浑，而且更有利于结构的稳定。两宋辽金时期的砖石塔留存很多，是中国砖石塔发展的高峰。除墓塔以外，大型砖石塔分为楼阁式和密檐式。北宋年间河北定县的开元寺塔，八角十一层，高84.2米，是我国现存最高的一座古塔。北京天宁寺塔、开封祐国寺铁色琉璃砖塔、封相国寺繁塔、上海龙华塔等，都是宋塔的杰作。

宋南迁后，传统园林建筑和江南自然环境结合影响了明清园林。南宋私家园林和江南的自然环境相结合，创照了一些因地制宜的手法。宋代式陵墓是中国古代陵墓制度的转折点，宋代开始集中皇陵成陵区，布局受风水影响，后陵较小，居帝陵西北，并分设主陵为上宫，和供奉遗物或祭祀的下宫，神道较短，两侧密植柏林。石棺多存于上宫之后的龟头屋内，称攒宫，墓内装饰华丽。总之，宋代建筑体制较小，趋于秀丽俊挺，影响了元、明、清的建筑发展。

文物百花园

宋代建筑——晋祠

晋祠重建于北宋天圣年间（1023—1032年），主要建筑圣母殿面阔

第二章 古代建筑文物与壁画文物

七间，进深六间，重檐歇山顶，殿顶琉璃为明代更制。大殿副阶周匝，殿身四周围廊，前廊进深两间，廊下宽敞，为唐、宋建筑中所独有。殿前廊柱雕饰木质蟠龙八条，系北宋元祐二年（1087年）原物。蟠龙柱形制曾见于隋、唐之石雕塔门和神龛之上。殿的角柱生起颇为显著，上檐尤盛，使整个建筑具有柔和的外形，与唐代建筑之雄朴迥异。殿内无柱，六架椽的长栿承受上部梁架的荷载。殿内用材较大，采用彻上露明造，殿内四十尊宋代仕女塑像，神态各异，是宋塑中的精品。飞梁是殿前方形的鱼沼之上建一座平面十字形，犹如大鸟驾飞的桥，四向通到对岸，对于圣母殿，又起着殿前平台的作用。桥下立于水中的石柱和柱上的斗拱、梁木都还是宋朝原造。飞梁前面有

晋　祠

重建于金大定八年（1168年）的献殿，面阔三面，单檐歇山顶，造型轻巧，在风格上与主要建筑圣母殿取得和谐一致的效果。

（6）蒙元时期的中国古建筑

元朝在建筑方面，各民族文化交流和工艺美术带来新的因素，使中国建筑呈现出若干新趋势。此时期大量使用减柱法，但正式建筑仍采满堂柱网，喇嘛教建筑有了新的发展。由于蒙古族的传统，元朝的皇宫中出现了若干盝顶殿、棕毛殿和畏兀尔殿等。1272年，元朝定都北京。至此，北京终于从中国数

寻觅历史的踪迹

以千计的城市中脱颖而出,第一次成为全中国的政治、经济和文化中心。大都城,由汉人刘秉忠,阿拉伯人也黑迭儿及科学家郭守敬共同规划,是我国第一个按照《考工记》的理想所设计的城市,具有方整的格局,良好的水利系统,纵横交错的街道。它以今天北海公园为中心,南城墙在今日长安街以南,北城墙在德胜门和安定门外小关一线,东墙在东直门和建国门,西墙在西直门和复兴门。城墙四周有11个城门。元代还在城门之外加修瓮城,目的是加强城门守军的防护能力。其上筑有高大的箭楼。元大都宫城位于全城南部中央,大明殿为前朝,延春宫为后宫。宫城北部为御苑,宫城西部为太液池。太液池两岸,南为隆福宫,北为兴圣宫。三宫鼎峙,形成以太液池为中心的宫苑区。元朝各种宗教并存发展,建造了很多大型庙宇。现存的北岳庙德宁殿是我国现存元代木结构建筑中最大的一座。殿内绘有巨幅壁画《天宫图》,高约7米,长约18米,为我国美术史上罕见的杰作。元代起,从尼泊尔等地传入西藏的覆钵式瓶形喇嘛塔又流行于中原。现存单体塔的代表作品为北京妙应寺白塔。元朝留下了许多科学建筑,位于河南登封告成的观星台,是我国天文科学发展史上的宝贵遗产和重要的实物资料,是我国现存最古老的天文建筑,也是世界上一座著名的天文科学古

妙应寺白塔

第二章 古代建筑文物与壁画文物

迹。陵墓建筑上，由于蒙古人先期采用天葬、风葬，后采用木棺葬，使得元朝的陵墓建筑受到一定程度的影响。总之，元代宫室建筑承袭了唐宋以来的传统，而部分地方建筑则继承金代。

🔍 文物百花园

山西元朝永乐宫

山西永济县永乐宫是元朝道教建筑的典型，也是当时全真派的一个重要据点。1959年修建三门峡水库时为了免于水淹，迁到了现在的芮城县城附近。永乐宫规模宏伟，气势不凡，建筑面积达八万六千多平方米。宫门、三清殿、纯阳殿、重阳殿排列在一条五百米长的中轴线上。三清殿是永乐宫最大的殿，仅屋脊上的琉璃鸱尾就有三米高。这样巨大的屋顶前坡用蓝色琉璃瓦组成三个菱形图案；殿檐周围镶着琉璃瓦边，与殿内外的雕塑、彩绘相互辉映。三清殿保持着宋代特色，为元代官饰大木构典型。

永乐宫内艺术价值最高的是精美的壁画。三清殿内的壁画是永乐宫壁画的精华，这些

三清殿内的壁画

寻觅历史的踪迹

画完成于元代泰定二年（1325年）。巨幅壁画展现了天神们朝拜元始天尊——老子的情景。南墙西侧的青龙、白虎两星君，为这个庞大的仪仗队的前导，神龛背后的三十二帝君为后卫；东、西、北三壁及神龛的左右两侧壁上分别画着南极长生大帝、西王母等八位主神，这八尊主神的周围簇拥着雷公、电母、八卦星君、各方星宿等神君。壁画继承了唐画风，在人物画的线条运用上达到了很高的成就，粗细、长短、浓谈、刚柔不同的线条勾画出各种不同物体的质感。

（7）明清时期的中国古建筑

在建筑方面，明清到达了中国传统建筑最后一个高峰，呈现出形体简练、细节繁琐的形象。官式建筑由于斗拱比例缩小，出檐深度减少，柱比例细长，生起、侧脚、卷杀不再采用，梁坊比例沉重，呈现出拘束但稳重严谨的风格。官式建筑已完全定型化、标准化，在清朝政府颁布了《工部工程作法则例》，民间则有《营造正式》《园冶》。用砖建的房屋猛然增多，且城墙基本都以砖包砌。明清时期，城市数量迅速增加，全国各地均出现了因各种手工业、商业、对外贸易、军事据点、交通枢纽，而兴起的各类市镇。现存保存比较完好的是明西安城墙。城墙高12米，顶宽12~14米，底宽15~18米。城呈长方形，南垣长4255米，北垣长4262米，东垣长1886米，西垣长2708米，周长约13.7千米。城四面各筑一门，每座城门门楼三重：闸楼在外，箭楼居中，正

西安城墙

第二章 古代建筑文物与壁画文物

楼最里，为城的正门。箭楼与正楼之间与围墙连接形成瓮城。整个城墙气势雄伟，构成一个科学严密的古城堡防御体系。

明清时期建筑组群，采用院落重叠纵向扩展，与左右横向扩展配合，以通过不同封闭空间的变化来突出主体建筑，其中以北京的明清故宫为典型。现存的佛寺，多数为明清两代重建或新建，存有千座，遍及全国。著名的有北京广济寺、山西太原崇善寺，及分布于四大名山和天台、庐山等山区的佛寺。明清大寺多在寺侧一院另辟罗汉堂。为了便于民众受戒，经过特许的某些大寺院常设有永久性的戒坛殿。在藏族、蒙古族等少数民族分布地区和华北一带，建造了很多喇嘛寺。五台山显通寺内的无量殿为用砖砌成的仿木结构重檐歇山顶的建筑，是我国古代砖石建筑艺术的杰作。明、清佛塔多种多样，形式众多。飞虹塔在山西洪洞县城东北17千米广胜上寺，为国内保存最为完整的阁楼式琉璃塔。塔身外表通体贴琉璃面砖和琉璃瓦，琉璃浓淡不一，晴日映照，艳若飞虹，故得名。

除了城市建筑、寺庙建筑、宫殿建筑外，明清时代的民居建筑也得到大发展。北京四合院是北方合

皇家园林

院建筑的代表。影壁是北京四合院大门内外的重要装饰壁面，绝大部分为砖料砌成，主要作用在于遮挡大门内外杂乱呆板的墙面和景物，美化大门的出入口。南方地区的住宅院落很小，四周房屋连成一体，称作"一颗印"。在南方，房屋的山墙喜欢作成"封火山墙"。明清时期分布于南方地区的客家土楼是

寻觅历史的踪迹

世界上独一无二的神话般的山村民居建筑。在园林艺术方面，明清时期的江南园林与北方的皇家园林，处于中国古典园林艺术的最高峰。

◆ 世界古代建筑简述

世界建筑艺术的风格历经了古埃及建筑、古西亚建筑、古希腊建筑、古罗马建筑、拜占庭建筑、罗曼式建筑、哥特建筑、文艺复兴建筑、手法主义建筑、巴洛克建筑、古典主义建筑、洛可可建筑、古典复兴与哥特复兴、折衷主义建筑、装饰艺术派建筑、现代主义建筑、蛮横主义建筑、后现代建筑等。各种建筑艺术思潮。接下来，我们就来简单叙述一下世界古代建筑的发展简史。

（1）古埃及的建筑艺术

古埃及建筑可以分为三个主要时期：一是古王国时期的建筑。以金字塔为代表，此时的建筑特点是用庞大的规模、简洁沉稳的几何形体、明确的对称轴线、纵深的空间布局来体现建筑的雄伟、庄严与神秘；二是中王国时期的建筑。以石窟陵墓为代表，此时的建筑特点是采用梁柱结构，建造较宽敞的内部空间；三是新王国时期的建筑。以神庙为代表，此时的建筑特点是建筑的格局一般由围有柱廊的内庭院、接受臣民朝拜的大柱厅和只许法老和僧侣进入的神堂密室三部分组成。古埃及的建筑艺术代表作有卡纳克和卢克索的阿蒙神庙，以及金字塔、曼都赫特普三世陵墓。公元前2000年，曼都赫特普三世陵墓开创了古代埃及新的陵墓形制。一进入墓区的大门，是一条两侧密排着狮身人面首像的石板路，长约1200米，然后是一个大广场，当中沿路两旁排列着皇帝的雕像。由长长的坡道登上一层平台，平台前缘的壁前镶着柱廊。平台中央有一座不大的金字塔，紧靠它正面和两侧造着柱廊。它后面是一个院落，四面有柱廊环绕。在后面是一个有80根柱子的大厅，由它进入小小的圣堂，凿在山崖里。

第二章　古代建筑文物与壁画文物

文物百花园

古埃及金字塔

　　金字塔是古埃及国王为自己修建的陵墓，是埃及古代方锥形帝王陵墓，数量众多。主要集中在开罗西南的尼罗河西古城孟菲斯一带。目前，埃及共发现金字塔96座，最大的是开罗郊区吉萨的三座金字塔。古埃及最大的金字塔是第四王朝第二个国王胡夫的陵墓，建于公元前2690

古埃及金字塔

寻觅历史的踪迹

年，现高136.5米，底座每边长230多米，三角面斜度51度，塔底面积5.29万平方米；塔身由230万块石头砌成，每块石头平均重2.5吨。第二座金字塔是胡夫的儿子哈佛拉国王的陵墓，建于公元前2650年，现高为133.5米，塔前建有庙宇和著名的狮身人面像。狮身人面像的面部参照哈佛拉塑造，身体为狮子，高22米，长57米，整个雕象除狮爪外，全部由一块天然岩石雕成。第三座金字塔是胡夫的孙子门卡乌拉国王，建于公元前2600年，当时正是第四王朝衰落时期。门卡乌拉金字塔的高度只有66米，内部结构倒塌。这三座金字塔的斜度都是五十二度，每一石块密密相连，连刀尖也插不进，十分严密。

（2）古西亚的建筑艺术

古西亚建筑是指由幼发拉底河和底格里斯河所孕育的美索不达米亚平原的建筑。在建筑艺术史上，古西亚人为建立了雄伟的神庙，如位于乌尔的观星台，著名的空中花园等。古西亚的建筑成就还在于创造了以土为基础原料的结构体系和装饰方法，发展了券拱和穹窿结构。随后又创造了可用于装饰墙面的面砖和彩色琉璃砖，这些对拜占庭建筑和伊斯兰教建筑产生了很大的影响。下面我们就来谈一谈古西亚建筑艺术的顶级作品——巴比伦空中花园。

"空中花园"，被誉为世界八大奇迹之一。空中花园，又称悬园，其采用立体造园手法，将花园放在四层平台之上，由沥青及砖块建成，平台由25米高的柱子支撑，并且有灌溉系统，奴隶不停地推动连系着齿轮的

古巴比伦空中花园

第二章 古代建筑文物与壁画文物

把手。园中种植各种花草树木，远看犹如花园悬在半空中。关于"空中花园"有一个美丽动人的传说。据说，新巴比伦国王尼布甲尼撒二世娶了米底的公主米梯斯为王后。公主美丽可人，深得国王宠爱。可是时间一长，公主愁容渐生。尼布甲尼撒不知何故。公主说："我的家乡米底山峦叠翠，花草丛生。而这里是一望无际的巴比伦平原，连个小山丘都找不到，我多么渴望能再见到我们家乡的山岭和盘山小道啊！"原来公主得了思乡病。于是，尼布甲尼撒二世令工匠按照米底山区的景色，在宫殿里建造了层层叠叠的阶梯型花园，上面栽满了奇花异草，并在园中开辟了幽静的山间小道，小道旁是潺潺流水。工匠们还在花园中央修建了一座城楼，矗立在空中。由于花园比宫墙还要高，给人感觉像是整个御花园悬挂在空中，因此被称为"空中花园"。

（3）古希腊的建筑艺术

公元前1200年到公元前7世纪间的希腊建筑已不复存在，公元前8—6世纪的古希腊建筑物都是用木材、泥砖、黏土建造的。常见的古希腊建筑材料都是木材，用来支撑和当作屋梁，特别是用于民宅。而石灰岩、大理石，则用来做寺庙和公共建筑的柱子，墙壁和上半部份的建筑材料。古希腊的建筑分为宗教、公共、民生、丧葬、休憩五种。古希腊建筑分为古风时期、伯里克利时代、古典时期，以及罗马的希腊化时代和古罗马时期。神庙是最普遍而且最为人所知的希腊公共建筑。古希腊建筑的特点主要有：一是平面构成为矩形，中央是厅堂、大殿，周围是柱子，统称为环柱式建筑；二是柱式的定型。共有陶立克柱式、爱奥尼克柱式、科林斯式柱式、女郎雕像柱式四种柱式；三是建筑的双面披坡屋顶形成了建筑前后的山花墙装饰手法，有圆雕、高浮雕、浅浮雕；四是产生了崇尚人体美与数的和谐。古希腊人崇尚人体美，认为人体的比例是最完美的，因而建筑物须按照人体各部分的式样制定严格比例；五是建筑与

寻觅历史的踪迹

装饰均雕刻化。可以说，希腊建筑就是用石材雕刻出来的艺术品，是雕刻创造了完美的古希腊建筑艺术。古希腊的著名建筑有雅典古集市、帕特农神庙、阿波罗神庙、古希腊剧场等。

凯旋门

（4）古罗马的建筑艺术

古罗马建筑在公元1至3世纪为极盛时期，公元4世纪下半叶起渐趋衰落。古罗马建筑在明代末年开始传入中国，传入的古罗马建筑文献有《罗马古城舆图》《广舆图说》《建筑十书》。古罗马建筑的类型有罗马万神庙等宗教建筑，有皇宫、剧场、角斗场、浴场、广场、会堂等公共建筑；还有内庭式、内庭式与围柱式院相结合、四五层公寓式等式样的住宅。古罗马建筑的著名作品有罗马别墅、罗马广场、竞技场、罗马斗兽场、万神庙、凯旋门、水道工程。

（5）欧洲的罗马风建筑

罗马风建筑，又称罗曼式建筑、罗马式建筑、似罗马建筑，是10世纪晚期到12世纪初欧洲的建筑风格，因采用古罗马式的券、拱而得名。公元8世纪末，法兰克王国查利大帝统治的加洛林王朝，在文化上形成了"加洛林文艺复兴文化"，实际上是古罗马文化和基督教文化的结合，这种结合被称为"罗马风"。罗马风建筑多见于修道院、教堂，对后来的哥特式建筑影响很大。欧洲的罗马风建筑的特点有：一是拱顶主要是肋骨式筒形拱顶，也有尖肋拱顶、半圆型拱；二是平面由横殿和长方形教堂相交而构成拉丁十字形；三是在建筑物西面的入口处有两座塔形钟楼，尖顶或平顶；四是墙体巨大而厚实，

40

第二章 古代建筑文物与壁画文物

为了增加对墙体的支撑力而建有扶壁；五是门为拱门形式，门楣的半圆形空间覆盖着浮雕，并有多层拱顶曲面，门中央以间柱支撑；六是间柱在科林斯柱式的基础上采用浮雕柱饰。另外还有小圆窗、连拱廊。

（6）拜占庭式建筑艺术

拜占庭帝国，又称东罗马帝国，是古代和中世纪欧洲历史最悠久的君主制国家，共历经12个朝代，93位皇帝。帝国的首都为新罗马，即君士坦丁堡。拜占廷帝国保存下来的古典希腊和罗马史料，以及理性的哲学思想，引发了文艺复兴运动。1453年，奥斯曼土耳其帝国攻陷君士坦丁堡，拜占庭帝国灭亡。拜占庭式建筑，指的是拜占庭

圣·索菲亚教堂

寻觅历史的踪迹

帝国时期的建筑风格；其在古罗马巴西利卡式的基础上，融合了东方的波斯、两河流域、叙利亚等地的建筑艺术，形成新的风格。拜占庭式建筑的特点有：一是圆形穹顶。其穹隅是指拱顶之间形成的三角形球面，是建筑史上的伟大发明；二是平面结构呈现辐射式圆形或正十字形；三是装饰有东方风格的壁画、镶嵌画，以金色调为主，色彩绚丽；四是建筑物中的柱头呈倒方锥形，刻有植物或动物图案，富于装饰性。拜占庭式建筑的代表作有威尼斯圣马可教堂、莫斯科的华西里·柏拉仁诺教堂、哈尔滨的圣·索菲亚教堂。

上海徐家汇天主教堂

（7）哥特式的建筑艺术

哥特式建筑，又称歌德式建筑，是种兴盛于欧洲中世纪的建筑风格，由罗曼式建筑发展而来，为文艺复兴建筑所继承。哥特式建筑12世纪发源于法国，持续至16世纪。第一座哥特式教堂是1143年在法国巴黎建成的圣丹尼斯教堂。哥特式建筑晚期包括辐射状哥特式和火焰哥特式。哥特式建筑的整体风格为高耸削瘦，常见于欧洲的主教座堂、大修道院与教堂，以及城堡、宫殿、大会堂、会馆、大学、私人住宅。哥特式建筑特点有：一是尖肋拱顶，即从罗曼式建筑的圆筒拱顶普遍改为尖肋拱顶，拱顶建得又大又高；二是采用飞扶壁，也称扶拱垛，是一种用来分担主墙压力的辅助设施。把原本实心的、被屋顶遮盖起来的扶壁，都露在外面，称为飞扶壁；三是采用花

第二章 古代建筑文物与壁画文物

窗玻璃。取消了台廊、楼廊，增加侧廊窗户的面积，整个教堂采用大面积排窗。并应用了从阿拉伯学习的彩色玻璃工艺，拼成一幅幅五颜六色的宗教故事。花窗玻璃以红、蓝色为主，蓝色象征天国，红色象征基督的鲜血；四是窗棂的构造十分精巧。细长的窗户被称为"柳叶窗"，圆形的被称为"玫瑰窗"。哥特式建筑的代表作有科隆大教堂、巴黎圣母院、英国西敏寺、意大利总督宫以及存在于中国的天津望海楼教堂、天津西站老站房、上海徐家汇天主教堂。

（8）伊斯兰的建筑艺术

伊斯兰的建筑艺术特点主要体现在四个方面：一是变化丰富的外观。世界建筑中外观最富变化，设计手法最奇巧的是伊斯兰建筑；二是采用穹隆风格。伊斯兰建筑主要采用穹隆的建筑风格；三是具有独特的开孔。所谓开孔即出入口和窗的形式。伊斯兰建筑一般是尖拱、马蹄拱、多叶拱，还有正半圆拱、圆弧拱；四是采用独特的纹样。伊斯兰建筑的纹样真堪称世界纹样之冠，其题材、构图、描线、敷彩皆匠心独运。比如，其动物纹样继承了波斯传统，植物纹样承袭了东罗马传统，几何纹样有无限变种。另外还有独具匠心的花纹、文字纹。伊斯兰建筑艺术的代表建筑是阿尔罕布拉宫。

（9）文艺复兴时期的建筑艺术

文艺复兴时期的建筑是指公元14世纪在意大利随着文艺复兴运动而诞生的建筑风格。文艺复兴建

阿尔罕布拉宫

筑是讲究秩序和比例的，拥有严谨的立面和平面构图，以及从古典建筑中继承的柱式系统。世俗建筑开始超越宗教神权建筑。文艺复兴建筑的特点主要有：一是继承了古希腊、古罗马的建筑文化成果；二是在建筑造型方面开始从古代数学家的数学模型中得到启示，认为世界是由完美的数学模型构成的，由此开始了文艺复兴时代对于完美建筑比例的追求，强调建筑的比例；三是文艺复兴时代的建筑师继承了一整套古典的柱式营造模式，越上的柱要越长；四是在平面布局上，使用对称的形状与集中式；五是反对哥特式建筑的"高""尖"，以圆形和正方形为主。

（10）巴洛克建筑艺术

"巴洛克"的原意是奇异古怪，古典主义者用它来称呼离经叛道的建筑风格。"巴洛克"风格追求自由奔放的格调和表达世俗情趣，源于17世纪的意大利。巴洛克建筑的特点主要有：一是宽阔的、圆形的中殿取代了狭长的中殿；二是着重运用光线，追求强烈的光影对比，明暗对照效果或依靠窗户实现均匀照明；三是大量使用装饰品，比如镀金、石膏、粉饰灰泥、大理石或人造大理石；四是采用巨大尺度的天花板壁画；五是建筑物的外部立面通常有中央突出部分，内部通常只是绘画与雕塑的框架；六是营造出错视画法般的

无忧宫

第二章 古代建筑文物与壁画文物

虚幻效果,将绘画与建筑混合;七是采用梨状穹顶,建有圣母柱、圣三柱。巴洛克建筑艺术的著名作品有圣保罗大教堂、圣安德烈·阿尔·奎亚纳教堂、圣彼得大教堂、无忧宫、凡尔赛宫、圣苏撒娜教堂。

(11)法国古典主义与洛可可建筑艺术

狭义的古典主义建筑是指运用纯正的古希腊罗马建筑和意大利文艺复兴建筑样式和古典柱式的建筑,主要指法国古典主义建筑。古典主义建筑主要运用于宫廷建筑、纪念性建筑和大型公共建筑。法国古典主义建筑的代表作是巴黎卢佛尔宫、凡尔赛宫。洛可可建筑艺术源于18世纪的法国,最初是为了反对宫廷的繁文缛节艺术而兴起的,后来被新古典主义取代。洛可可最先出现于装饰艺术和室内设计中。洛可可风格的装饰多用自然题材做曲线,如卷涡、波状和浑圆体。色彩娇艳、光泽闪烁,象牙白和金黄是其流行色。经常使用玻璃镜、水晶灯强化效果。洛可可艺术风格的倡导者是蓬帕杜夫人。洛可可建筑风格的特点是:室内应用明快的色彩和纤巧的装饰,家具非常精致而偏于繁琐;喜欢用弧线和S形线,尤其爱用贝壳、旋涡、山石作为装饰题材;天花和墙面有时以弧面相连,转角处布置壁画;室内墙面粉刷,爱用嫩绿、粉红、玫瑰红等鲜艳的

蓬帕杜夫人

浅色调,线脚大多用金色;室内护壁板有时用木板,有时作成精致的

寻觅历史的踪迹

框格,框内四周有一圈花边,中间常衬以浅色东方织锦。奥拉宁堡的中国宫,维斯的巴伐利亚教堂和波茨坦的无忧宫,都是欧洲洛可可风格建筑的代表。

壁画简述

壁画是指以绘制、雕塑或其他造型手段在天然或人工壁面上制作的画。壁画为人类历史上最早的绘画形式之一。现存史前绘画多为洞窟和摩崖壁画,最早的距今已两万年。仰韶类型的彩陶以在西安出土的半坡陶盆"人面鱼纹盆"最具特色。庙底沟类型的彩陶的图像中最引人注目的是绘制于陶缸上的"鹳鸟石斧图",出土于河南临汝闫村。此外,在青海大通出土的马家窑类型的舞蹈纹彩陶盆,描绘了氏族成员欢快起舞的景象,堪称新石器时代绘画艺术的杰作。

秦汉时代的壁画以宫殿寺观壁画和墓室壁画为主。秦汉时代的宫殿衙署,普遍绘制有壁画。20世纪70年代发现的秦都咸阳宫壁画遗迹第一次使我们领略到了秦代宫廷绘画的辉煌。在秦宫遗址3号殿的长廊残存部分上,发现了一支有七辆马车组成的行进队列,每辆车由四匹奔马牵引;另一处残存的壁画则表现的是一位宫女。这些

人面鱼纹盆

第二章 古代建筑文物与壁画文物

形象都是直接彩绘在墙上的，被认为是中国传统绘画中"没骨"法的最早范例。汉朝的壁画则主要是为了标榜吏治的"清明"而创作的。王延寿的《鲁灵光殿赋》中记载了当时一个诸侯王所建宫殿里壁画的盛况。宣帝时更是在麒麟阁绘制了11位功臣的肖像壁画，开创了后世绘制功臣图的先河。东汉明帝时，由于明帝本人的爱好，壁画创作之风更盛。派使赴西域求来佛法后，在新建的白马寺绘制了《千乘万骑群象绕塔图》，这是中国佛教寺院壁画的肇始。这一时期发现的最为重要的壁画墓和墓室壁画有河南洛阳的卜千秋墓壁画、洛阳烧沟61号墓、陕西西安的墓室壁画《天象图》、洛阳金谷园新莽墓壁画、山西平陆枣园汉墓壁画《山水图》、

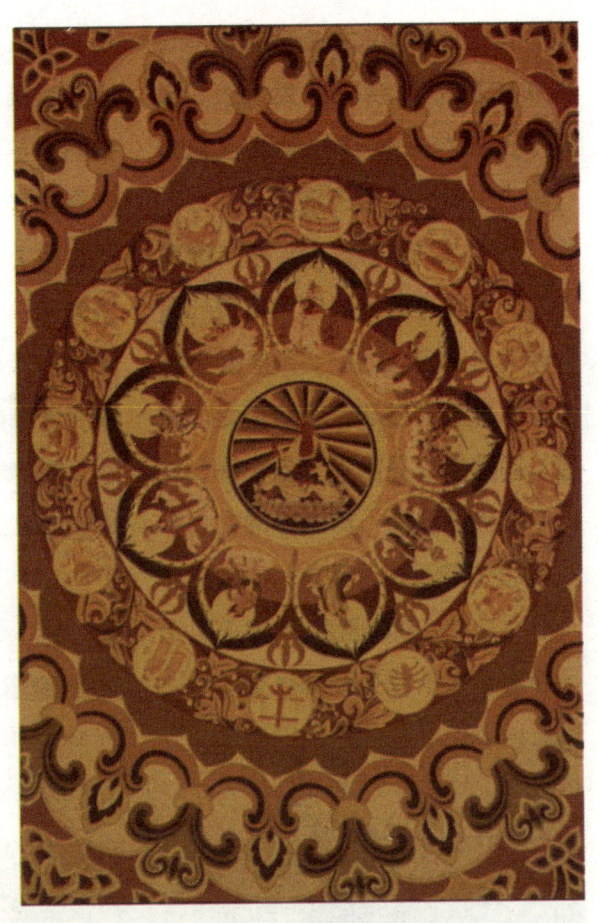

陕西西安的墓室壁画《天象图》

河北安平汉墓壁画、河北望都1号墓壁画以及在内蒙古和林格尔发现的壁画墓等。它们分别描绘了有关天、地、阴、阳的天象、五行、神仙鸟兽、著名历史故事、车马仪仗、建筑及墓主人的肖像等。

隋唐时期的壁画以敦煌莫高

寻觅历史的踪迹

窟的壁画为代表。这些壁画题材范围变得更加广泛，场面宏大，色彩瑰丽。无论是人物造型、风格技巧，以及设色敷彩都达到了空前的水平。壁画的创作中大量出现净土经变画，如西方净土变、东方药师变、维摩诘经变、法华经变等。除了经变画以外，还有说法图、佛教史迹图画、供养人像等。盛唐以后的经变内容逐渐增多，直接取材现实的供养人像身高日渐增加，占据了洞内、甬道的醒目地位。盛唐103窟的维摩变、中唐158窟的涅盘变、晚唐196窟的劳度叉斗圣变等是其中的精彩作品。晚唐156窟的《张议潮统军出行图》，以特有的长幅形式表现了场面宏大的人马队列，堪称巨制。

元代壁画比较兴盛，分布地区也很广，有佛教寺庙壁画、道教宫观壁画、墓室壁画、皇家宫殿和达官贵人府邸厅堂壁画。寺庙、宫观壁画的题材内容以佛道人物为主，殿堂壁画大都描画山水、竹石花鸟，墓室壁画主要反映墓主人生前生活。作者大多为民间画工，也有部分文人士大夫画家。寺、观、墓室壁画多出民间画工之手，宫殿及府邸壁画以文人士大夫画家为主。山水、竹石、花鸟等题材的增多，是元代壁画的显著特点之一。元朝政府为了利用宗教维护其统治，采取了保护宗教的政策，从而使佛教和道教颇为盛行。全国兴修佛寺、道观，佛寺、道观壁画随之应运而生。甘肃敦煌莫高窟第3窟和第465

北京密云县元墓壁画

第二章 古代建筑文物与壁画文物

窟佛教密宗壁画，山西稷山县兴化寺、青龙寺佛教壁画，山西芮城县永乐宫、洪洞县广胜寺水神庙道教壁画，均属于元代壁画代表作。元代墓室壁画最具代表性的有山西大同冯道真墓壁画和北京密云县元代墓壁画。其他还有山西长治捉马村壁画、辽宁凌源县富家屯壁画、内蒙赤峰三眼井元墓壁画等。冯道真墓中的《论道图》《观鱼图》《道童图》和《疏林晚照图》等真实反映了墓主人的生前生活、情趣和爱好。北京密云县元墓壁画，人物衣纹勾描娴熟，花卉竹石线条洗练，尤其梅花、竹石作为单幅画面的出现，在前代壁画中极为罕见。

明清时期的壁画分布于北京、河北、山西、四川、云南、西藏、青海等地。其代表为完成于1444年的北京法海寺大雄宝殿中的壁画《帝释梵天图》。画法沿用唐宋遗法，沥粉贴金，风格精密富丽。这幅壁画的作者是工部营缮所的画士官宛福清、王恕及画士，在一定程度上也显现了宫廷画风的特点。民间画工所作的壁画代表作为河北石家庄毗卢寺后殿壁画，内容为元代以来流行的"水陆画"，佛、道、儒混而为一。位于云南、青海等多民族聚居区的佛寺壁画，其画法融合了汉藏两族的艺术风格。代表作品有云南丽江白沙、束河的大宝积宫与大觉宫的壁画、青海西宁塔尔寺壁画等。

清代寺庙壁画与宫廷壁画中，最引人注目的是有关现实重大题材的描绘以及民间小说与文学名著的表现。西藏布达拉宫灵塔殿东的集会大殿内，画有《五世达赖见顺治图》，记载了五世达赖率领3000人的使团进京朝见顺治的史实，以连环画的手法成功处理了众多的人物和丰富的活动，堪称清代壁画的杰作。此外，山西定襄关帝庙壁画取材于《三国演义》中的故事，北京故宫长春宫回廊上的《红楼梦》壁画则参以西洋画法描绘了这部千古名作里的部分情节。

寻觅历史的踪迹

古代建筑文物

◆中国的宫殿文物

宫殿是帝王朝会和居住的地方，与西方和伊斯兰建筑以宗教建筑为主不同，中国建筑成就最高、规模最大的是宫殿。从原始社会到西周，宫殿经历了一个由适合首领居住、聚会、祭祀多功能为一体，到只用于君王后妃朝会与居住的"前朝后寝"格局。宫殿常依托城市而存在，在城市格局处于都城的中心地位。宫在秦以前是中国居住建筑的通用名，从王侯到平民的居所都可称宫，秦汉后成为皇帝居所的专用名；殿原指大房屋，汉代以后也成为帝王居所中重要建筑的专用名。此后的宫殿习惯上指秦以前王侯的居所和秦以后皇帝的居所。首都的主要宫殿是国家的权力中心，外有宫城，宫城内包括礼仪行政部分和皇帝居住部分，称前朝后

河南安阳殷墟

第二章　古代建筑文物与壁画文物

寝、外朝内廷。宫殿是国中最宏大、最豪华的建筑群，以烘托皇权的至高无上。

自春秋至唐代，宫城大多在都城中，宫城的一边或两边靠近城墙；有的则在都城外，附着一边城墙或一个城角。著名的宫城有临淄齐城、郑韩故城、邯郸赵城、西汉长安城、东汉和北魏洛阳城、曹魏邺城、隋唐长安城和洛阳城。从北宋起，北宋开封城、金中都、元大都城、明中都、明清北京城、宫城处在都城之中，四面为城区所包围。自曹魏邺城起，宫殿集中于都城北部，同居民区隔开，宫前干道两侧布置衙署，形成都城的南北轴线。至唐长安城发展成宫城在全城中轴线上，后来宋汴梁城、元大都城、明清北京城继承了这种格局。

河南偃师二里头遗址是一组廊庑环绕的院落式建筑，是商代中期的宫殿遗址。河南安阳殷墟公认是商代后期的宫殿遗址。西周宫殿遗址迄未发现。据《考工记》记述，周代宫殿分前朝、后寝两部分。前部有外朝、内朝、燕朝三朝和皋门、应门、路门三门。外朝在宫城正门应门前，门外有阙。内朝在宫内应门、路门之间，路门内为寝，分王寝和后寝。王的正寝即路寝，前面的庭即燕朝。以后各代宫殿外朝部分都是"三朝五门"。秦汉大型宫殿多是高台建筑，其中包括殿堂、过厅、回廊、居室、浴室、仓库等，如河北易县燕下都遗址、邯郸赵城、山东临淄齐城等。

秦统一全国后，建造了大批宫殿。据《史记》所载，有咸阳旧宫，上林苑中建造的信宫，骊山北麓为太后所居的甘泉宫等。这些宫殿和周围200里内270所宫观之间，有阁道或甬道相连。后来，又在渭水南另营阿房宫。西汉初期利用秦朝兴乐宫修筑成长乐宫，随后又在其西面建未央宫，作为正式宫殿，以长乐宫供太后居住。武帝时，在城内北部兴建桂宫、明光宫，并在城西上林苑内营造建章宫。东汉建都洛阳，先营南宫，后增建北宫，两宫分依都城南墙、北墙，中隔市

寻觅历史的踪迹

区,用三条阁道相联。魏晋时宫殿集中于一区,与城市区分明确。曹魏邺城和孙吴建康城宫殿都集中于城北,宫前道路两侧布置官署。两晋、南北朝宫殿,以太极殿为大朝会之用,两侧建东西堂,处理日常政务。从南朝建康起,各代宫城基本呈南北长的矩形,有中轴线,南面开三门,隋、唐、北宋、金、元的宫城均如此。

隋代,于宫城前创建皇城,集中官署于内。在中轴线上,于宫南正门内建太极、两仪两组宫殿。唐承隋制,唐长安大内以宫城正门承天门为外朝,元旦、冬至设宴会,颁布政令,大赦,外国使者来朝等,均在此举行。门内中轴线上建太极、两仪两组宫殿,前者为定期视事的日朝,后者为日常视事的常朝。五门依次是承天门、嘉德门、太极门、朱明门、两仪门。这种门殿纵列的制度为宋、明、清各朝所

华清宫

第二章　古代建筑文物与壁画文物

因袭，是中国封建社会中、后期宫殿布局的典型方式。唐高宗时在长安城东北外侧御苑内建大明宫。前部中轴线上，以含元殿为大朝，宣政殿为日朝，紫宸殿为常朝。离宫有麟游仁寿宫、终南山太和宫、华清宫。

北宋汴京宫殿是在原汴州府治的基础上改建而成的。官府衙署大部分在宫城外同居民住宅杂处，苑囿也散布城外。宫城正门为宣德门，门内为主殿大庆殿，供朝会大典使用，相当于大朝。其后稍偏西为紫宸殿，是日朝。大庆殿之西有文德殿，称"正衙"。其后有垂拱殿，是常朝。三朝不在一条轴线上。金中都宫殿位于明北京城西南，中轴线上建筑分皇帝正位和皇后正位两大组，广泛使用青绿琉璃瓦和汉白玉石。元大都宫殿在都城南部，分3部分：大内宫城是朝廷所在，在全城中轴线上；宫城之西有太后所居的隆福宫和太子所居的兴圣宫；宫城以北是御苑。宫内继承金中都宫殿在中轴线上建大明殿、延春阁两组，为皇帝、皇后正位。

明代曾在三处建造皇宫：南京、中都临濠和北京。南京宫殿始建于元末，宫城在旧城外东北侧钟山西趾的南麓下，填燕雀湖而建。皇城正门称洪武门，门内御道两侧为中央各部和五军都督府，御道北端有外五龙桥，过桥经承天门、端门，到达宫城正门午门。宫内中轴线上前后建两组宫殿，前为奉天、华盖、谨身三殿，是外朝主殿；后为乾清、坤宁两宫，是内廷主殿左右有东西六宫。明北京宫殿建于永乐十五年至十八年（1417—1420年），是中国现存最宏伟壮丽的古代建筑群。清入关前，于1636年在沈阳建宫殿，规模较小。入关后沿用明故宫，但清帝大部分生活在圆明园、承德避暑山庄等处。苑囿成为清帝主要居止场所。秦始皇、汉武帝所开创的离宫制度，在清代得到充分发展。

总之，古代建筑是中国传统文化的重要组成部分，而宫殿建筑则是其中最瑰丽的奇葩，显示了皇

寻觅历史的踪迹

故 宫

家的尊严和富丽堂皇的气派。几千年来,历代封建王朝都非常重视修建象征帝王权威的皇宫,形成了完整的宫殿建筑体系。唐长安宫殿是历史上最宏伟的宫殿,现存宫殿有北京明清紫禁城(故宫)和沈阳故宫。故宫是中国现存最完整的古代宫殿建筑群,在世界建筑史上别具一格,是中国古典风格建筑物的典范和规模最大的皇宫。故宫博物院藏有大量珍贵文物,据统计总共达1 052 653件,占全国文物总数的1/6。在全国保存一级文物的1330个收藏单位中,故宫博物院以8273件(套)高居榜首,收有很多绝无仅有的国宝。故宫中设立了诸如历史艺术馆、绘画馆、陶瓷馆、青铜器馆、明清工艺美术馆、铭刻馆、玩具馆、文房四宝馆、玩物馆、珍宝馆、钟表馆和清代宫廷典章文物展览,是中国收藏文物最丰富的博物馆。

第二章 古代建筑文物与壁画文物

文物百花园

故 宫

  故宫位于北京市中心，旧称紫禁城，是明、清两代的皇宫，是世界现存最大、最完整的古建筑群。被誉为世界五大宫之首（北京故宫、法国凡尔赛宫、英国白金汉宫、美国白宫、俄罗斯克里姆林宫）。故宫始建于1406年，1420年基本竣工，明朝皇帝朱棣始建。相传故宫一共有9999.5间，实际房屋有980座，共计8707间。宫城周围环绕着高12米，长3400米的宫墙，形式为一长方形城池，墙外有52米宽的护城河环绕。故宫宫殿建筑均是木结构、黄琉璃瓦顶、青白石底座，饰以金碧辉煌的彩画。故宫有4个门，正门名午门，东门名东华门，西门名西华门，北门名神武门。面对北门神武门，有用土、石筑成的景山。

  故宫的建筑依布局分为"外朝"与"内廷"两大部分。"外朝"与"内廷"以乾清门为界，乾清门以南为外朝，以北为内廷。外朝以太和、中和、保和三大殿为中心，是皇帝举行朝会的地方，也称"前朝"。两翼东有文华殿、文渊阁、上驷院、南三所；西有武英殿、内务府等建筑。内廷以乾清宫、交泰殿、坤宁宫三宫为中心，两翼为养心殿、东西六宫、斋宫、毓庆宫，后有御花园。是封建帝王与后妃居住之所。内廷东部的宁寿宫是当年乾隆皇帝退位后养老而修建。内廷西部有慈宁宫、寿安宫。

寻觅历史的踪迹

◆中国古代城市建筑

中国古代城市建筑是指中国古代城市环境和城市的整体构图,是中国古代建筑艺术的重要组成部分。河南淮阳平粮台城址是中国已发现的最早城址,距今约4300余年,属夏朝所建。春秋战国城址已发掘的如齐临淄、燕下都、赵邯郸等,都有城、郭之分,都有夯土城垣。城在郭的一角,为王宫所在,占据高地,在夯土高台上建造宫殿;郭内主要居住平民,体现了法家提出的因地制宜的规划思想。据《考工记》的记述,当时还有一种严格规整对称,"左祖右社,前朝后市"的王城布局方式,反映了儒家的礼法观念。

秦都咸阳在北部高原布置宫殿,南临渭河,河南有规模宏大的阿房宫。汉长安是沿已建成的宫殿和河岸筑城,在南部高地上置宫,北部为市和居民闾里,西汉末在城南近郊建礼制建筑群。东汉末年曹操为魏王营造的邺城,城为东西横长矩形,以东西向大街为横轴分城为南北二部,北为宫殿苑囿,南为居民闾里和衙署,从南墙正中向北的大街正对朝会宫殿,与横轴丁字相交,是城市纵轴。全城规整对称,秩序井然,分区明确。此后南朝建康、北魏洛阳、隋唐长安和洛阳基本上都沿用了这个方式。隋唐长安的东西二市在皇城之南分列左右,城市突出了皇宫的中心地位。实行闾里制度,唐代称为里坊或坊,是在城市街道网形成的方格里

河南淮阳平粮台

第二章 古代建筑文物与壁画文物

建造方形土墙,设坊门,一般居民住宅只向坊内开门,实行宵禁,城市街景比较单调,市场集中设置在城内指定的少数坊内。

北宋京城汴梁(今开封)是在唐汴州州城的基础上改建而成的,也有郭城、内城和宫城三城相套及全城的纵横两轴。由于商品经济的发展,街道面貌发生了很大改变,许多街道沿水路交通线伸展,里坊制取消,店肆居宅都可向街开门,城市面貌更多的是世俗和繁华。南宋临安(今杭州)更加繁华,宫殿在城市南部,规模较小,城市外廓随钱塘江和西湖蜿蜒。辽、金都各有几座都城,其主要代表是在辽南京的基础上扩建的金中都,在位居全城中心的宫城前接建皇城,皇城内不列居宅;在宫城正门与皇城正门之间有丁字形宫前广场,宫城之北有辽代建造的天宁寺高塔。现存古代城市大多为明清所遗,北方多平原,城市常取方正格局,以十字街或丁字街为骨架,在交点上常建鼓楼,鼓楼以北或其附近是衙署,如西安、酒泉、兰州、大同、太谷

山西平遥古城

寻觅历史的踪迹

等；南方多丘陵水道，城市顺山势河岸发展，不十分规整，如巴县、泉州、衡阳等。

总的来说，由于遵循着"左祖右社，前朝后市"，以皇城为中心，进而向四周延展的基本布局理念，使得中国古代的京城、陪都及其他城市大都以皇宫或衙署为统率中心，力求规整对称，以鲜明的理性逻辑秩序体现了封建社会的政治思想。总之，中国古代城市是中国古代建筑艺术的重要遗产。下面我们就来介绍平遥古城。

平遥古城，这座具有2700多年历史的文化名城，与四川阆中、云南丽江、安徽歙县并称为"保存最为完好的四大古城"。平遥旧称"古陶"，明朝初年，为防御外族南扰，始建城墙。康熙四十三年（1703年）因皇帝西巡路经平遥，而筑了四面大城楼，使城池更加壮观。平遥城墙以内街道、铺面、市楼保留明清形制；城墙以外称新城。

平遥古城的交通脉络由纵横交错的四大街、八小街、七十二巷构成。南大街为平遥古城的中轴线，北起东、西大街衔接处，南到大东门（迎熏门），以古市楼贯穿南北，街道两旁，老字号与传统名店，店铺林立，是最为繁盛的传统商业街。西大街，西起下西门（凤仪门）、东和南大街北端相交，与东大街呈一条笔直贯通的主街。中国第一家票号——日升昌，就诞生于古城西大街，被誉为"大清金融第一街"。东大街，东起下东门（亲翰门）、西和南大街北端相交，

平遥镇国寺

第二章　古代建筑文物与壁画文物

与西大街呈一条笔直贯通的主街。北大街，北起北门（拱极门）、南通西大街中部。

平遥有三宝，古城墙便是其一。古城北门的镇国寺是第二宝。该寺万佛殿建于五代时期，殿内的五代时期彩塑是不可多得的雕塑艺术珍品。古城的第三宝是位于城西南的双林寺。该寺修建于北齐武平二年（571年）。寺内保存有元代至明代的彩塑造像2000余尊，被人们誉为"彩塑艺术的宝库"。平遥有八小街和七十二条蚰蜒巷，其名称各有由来，有的得名于附近的建筑标志，如衙门街、书院街、校场巷、贺兰桥巷、旗杆街、三眼井街、照壁南街、小察院巷等；有的得名于祠庙，如文庙街、城隍庙街、罗汉庙街、火神庙街、关帝庙街、真武庙街、五道庙街等；有的得名于当地的大户，如赵举人街、雷家院街、宋梦槐巷、阎家巷、冀家巷、郭家巷、范家街、邵家巷、马家巷等；古城东北角的四条街道被命名为东壁景堡、中壁景堡、西壁景堡和堡外街。

平遥古城民居为砖墙瓦顶的木结构四合院为主，布局严谨，左右对称，尊卑有序。大家族修建二进、三进院落甚至更大的院群，院落之间多用装饰华丽的垂花门分隔。民居院内大多装饰精美，进门

平遥古城内的城隍庙

通常建有砖雕照壁，檐下梁枋有木雕雀替，柱础、门柱、石鼓多用石雕装饰。平遥古城内的城隍庙位于城东南的城隍庙街，由城隍庙、财神庙、灶君庙三组建筑群构成。城

寻觅历史的踪迹

隍神是古代汉民族的重要神祇，大多由有功于地方民众的名臣、英雄充当。明太祖诏令各地必须建城隍庙，与县衙署对称设置，主张"阴阳各司其职"，这是古代"人神共治"思想的反映。

我国是一个历史悠久的文明古国，许多历史文化名城是我国古代政治、经济、文化的中心，或者是近代革命运动和发生重大历史事件的重要城市。在这些历史文化名城的地面和地下，保存了大量历史文物与革命文物，体现了中华民族的悠久历史、光荣的革命传统与光辉灿烂的文化。根据《中华人民共和国文物保护法》，历史文化名城是指"保存文物特别丰富，具有重大历史文化价值和革命意义的城市"。我国历史文化名城的城市共有114个，分别是：1982年的北京、承德、大同、南京、苏州、扬州、杭州、绍兴、泉州、景德镇、曲阜、洛阳、开封、江陵、长沙、广州、桂林、成都、遵义、昆明、大理、拉萨、西安、延安；1986年的上海、天津、沈阳、武汉、南昌、重庆、保定、平遥、呼和浩特、镇江、常熟、徐州、淮安、宁波、歙县、寿县、亳州、福州、漳州、济南、安阳、南阳、商丘、襄樊、潮州、阆中、宜宾、自贡、镇远、丽江、日喀则、韩城、榆林、武威、张掖、敦煌、银川、喀什；1994年的正定、邯郸、新绛、代县、祁县、哈尔滨、吉林、集安、衢州、临海、长汀、赣州、青岛、聊城、邹城、临淄、郑州、浚县、随州、钟祥、岳阳、肇庆、佛山、梅州、海康、柳州、琼山、乐山、都江堰、泸州、建水、巍山、江孜、咸阳、汉中、天水、同仁、安庆；2008年的南通、无锡、山海关、金华、绩溪、泰安、濮阳、荆州、凤凰县、雷州、海口、敦煌、吐鲁番、特克斯县。接下来我们就来有选择地介绍一些历史名城：

（1）北 京

北京为燕、蓟重镇，辽的陪都，金、元、明、清的故都，为世界闻名的历史文化古城。有天安

第二章 古代建筑文物与壁画文物

天安门

门、人民英雄纪念碑、毛主席纪念堂、故宫、北海、天坛、颐和园、十三陵、万里长城和中国猿人遗址等重要革命和历史文物。

（2）承 德

承德位于河北省北部，清代为直隶承德府。现在除保存古长城外，还有避暑山庄、外八庙等大量具有历史艺术价值的古建筑。

（3）南 京

南京为东吴、东晋、南朝、明朝等建都的历史名城，素有"虎踞龙盘"之称。文物古迹有石头城、南朝陵墓、石刻和明孝陵、明故宫遗址、太平天国王府、孙中山临时大总统办公处、中山陵等。

（4）苏 州

春秋时苏州为吴国都城，隋、唐为苏州治所，宋代为平江府。与杭州齐名，并称"苏杭"。保存着许多著名的古代园林，集中了我国宋、元、明、清建造的园林艺术精华。

（5）扬 州

吴王夫差开始在扬州筑"邗城"，隋朝开凿大运河以后，成为

寻觅历史的踪迹

瘦西湖

南北交通的要冲,是历史上闻名的商业城市和中外友好往来港口。有唐城遗址、史公祠、平山堂、瘦西湖、何园、个园等文物古迹。

(6)杭 州

我国古都之一,秦置钱塘县,隋为杭州治,五代时是吴越国都,南宋时以此为行都,是世界著名的游览城市。西湖风景秀丽,名胜古迹有灵隐寺、岳庙、六和塔等。

(7)大 理

大理位于云南大理白族自治州中部、洱海之滨,为南诏及宋代大理国都城所在地。现保存的南诏太和城遗址、大理三塔、南诏德化碑等。

(8)张 掖

张掖位于甘肃河西走廊的中部,物产富饶,有"金张掖"之称。自汉武帝元鼎六年(公元前111年)开设河西四郡以来,张掖一直为通往西域欧亚各国的"丝绸之路"的重要城市。现存的文物古迹有大佛寺、木塔、西来寺、鼓楼、大土塔、黑水国汉墓群等。

(9)丽 江

丽江位于云南省西北部,是纳西族聚居地,战国时属秦国蜀郡,南北朝时纳西族先民羌人迁此,南宋时建城,元至清初为纳西族土司府所在地。文物古迹有木氏土司府邸、明代五凤楼、大宝积宫琉璃殿、玉峰寺、普济寺、"东巴

62

第二章　古代建筑文物与壁画文物

丽　江

经"、纳西古乐等。

（10）邯　郸

邯郸位于河北南部，兴起于殷商后期，战国为赵都，秦为邯郸郡首府，魏晋至民国为县城。文物有新石器时代的磁山遗址、春秋战国时期的赵邯郸故城、魏晋时期的邺城遗址、南北朝时期的响堂山石窟等。

（11）泸　州

泸州位于四川省南部，梁武帝大同年间改名泸州。文物有建于南宋的报恩塔、"老泸州城"遗址、奎星阁、忠山平远堂等。

（12）佛　山

佛山位于广东南部，隋属南海县，唐代贞观年间因掘出三尊佛像而得名。文物古迹有祖庙、孔庙、黄公祠、古窑址、群星草堂。

下面，我们再来介绍一下中国的历史文化村镇。

寻觅历史的踪迹

国家建设部和文物局从2003年至今已经评选并命名了两批共80个"历史文化名村名镇",包括太湖流域的水乡古镇群、皖南古村落群、川黔渝交界古村镇群、晋中南古村镇群、粤中古村镇群,基本反映了中国不同地域历史文化村镇的传统风貌。接下来我们就来选择介绍一些中国的历史文化村镇:

(1)山西灵石静升镇

山西灵石静升镇位于山西省灵石县城东北12千米处,坐落在风景秀美的绵山脚下,依山傍水。九沟、八堡、十八街巷散布于北山之麓,错落于小水河畔的王家大院、红庙和文笔塔等古建筑群,是古镇静升历史文化的见证。现存有大大小小的店铺、典当行、估衣店、水井、石板小路、戏台等古迹。远在新石器时代,古镇静升就有人类繁衍生息。春秋时,因介子推之故,与静升相连的绵山被封为介山,静升也曾名为"旌善村"。隋开皇改为"灵瑞乡"。清康乾盛世,农商发达,经济繁荣,民间修庙宇,建民居,大兴土木,静升镇被誉为"晋中第一镇"。

(2)江苏昆山周庄镇

江苏昆山周庄镇位于苏州城东南38千米,昆山西南30千米,迄今已有九百余年的历史。四周湖荡环抱,镇内河道纵横,房屋全都沿河而筑,河道上保存着元、明、清历代石桥十座。周庄人文集萃,至今镇上还保留着近百座古老宅院,沈厅、张厅、迷楼、叶楚伧故居、澄虚道院、全福寺等名胜古迹,具有一定的历史、文化和观赏价值。西晋文学家张翰,唐代诗人刘禹锡、陆

江苏昆山周庄镇

第二章　古代建筑文物与壁画文物

龟蒙等都曾寓居周庄；元末明初沈万三得天时地利，成为江南巨富；近代柳亚子、陈去病等南社发起人，曾聚会迷楼饮酒作诗。海外报刊称"周庄为中国第一水乡"。

（3）河北蔚县暖泉镇

河北蔚县暖泉镇位于河北蔚县西部，与山西省交界，地跨丘陵、河川，北高南低。暖泉古镇历史悠久，早在两万年前的旧石器时代晚期，就有人类定居生活。古镇在尧、舜时属冀州，商周时属代国，战国时期为赵、秦等国角逐之地。秦、汉、三国、两晋时，均属代郡，暖泉属平舒县治，镇西现存高大的封土汉墓群，埋葬着当年的官僚显宦。暖泉镇唐宋时期是汉族与少数民族的争夺之地。元朝建镇，明清时发展为"三堡、六巷、十八庄"，从此暖泉成为蔚县西部的交通枢纽和商贸中心。

（4）北京门头沟爨底下村

北京门头沟爨底下村位于门头沟区斋堂镇的西北部，整个村子依山势而建，四面环山，坐北朝南，层层升高。村中现完好地保留着76套、689间明清时代的四合院民居。爨底下村自明代开始就是过往商贾的落脚驿站，是通往河北、山西的必经之路。上有古代军事关卡天津关，下有爨里安口，成虎据钳扼之势。自然地形北有卧虎岭，东有蝙蝠山；自然形象金蟾望月，造型奇特神龟啸天。整个村子呈元宝状。爨底下村建筑风格独具特色，房屋建筑整体布局合理，主次分明，石雕、木雕、砖雕精美细腻。由于村落依山而建，村房小，建房比较集中，户与户之间距离小，房邻房，为避免邻里矛盾，在建筑设计上，村里应用了很多巧妙的设计。细小到每户的后房沿上，都设计了水道，下雨时雨水流回前面的自家院子中，再经门前的水道排出，这样就不会阴湿邻居家的墙壁。院落中还设有猫道、狗道。

（5）河北怀来鸡鸣驿村

河北怀来鸡鸣驿村位于河北张家口市怀来县偏西北洋河北岸的鸡鸣山下，又称鸡鸣山驿。鸡鸣驿是

寻觅历史的踪迹

河北怀来鸡鸣驿村

全国现存最大、功能最齐全的古驿站，在中国邮政史上具有独占鳌头的地位。当年的鸡鸣驿商贸发达、文化繁荣。大街两旁，店铺林立，买卖兴隆。驿中有当铺6家，商号9家，油铺4家及茶馆、马车店等，还有寺庙多座。其中永宁寺距今800余年，是驿城中最早的建筑。村里最有名的"贺家大院"曾是八国联军打进北京时，慈禧太后和光绪皇帝逃难留宿的地方。二进院的山墙上还留有刻砖"鸿禧接福"四个楷书大字，作为慈禧太后在此居住的记念。

（6）福建武夷山下梅村

福建武夷山下梅村位于武夷山景区以东，历史悠久，人文荟萃。村中保留下来30余幢明清古民居建筑，枕溪而建，有巨商的豪居，官宦的府第，儒生的学堂，最具代表性的有邹氏大夫第、邹氏家祠、程氏隐士居、西水别业、方氏参军第等建筑群。这些建筑以砖木为主，东阁西厢、楼台歇屋、天井花园，

第二章 古代建筑文物与壁画文物

一应俱全，布局考究、工艺精湛。村中每座古民居大门都有装饰精美的砖雕，图案多以吉祥的动植物或民间人物故事为主题，表达了人民美好的愿望和精湛的技艺。

（7）广东佛山碧江村

广东佛山碧江村位于广东省东佛山市顺德区北滘镇。大规模建村始于南宋初年，古称迫岗，明清时期属顺德四大圩镇之一。从古至今，碧江村人才辈出，据《顺德县志》载，自明景泰三年建县至清代中叶，碧江村出了17名进士，而中举仕子更达106名以上。这些仕人遍布京城和全国各地，他们告老还乡后，致力建造祠堂和宅第园林，因而在碧江村留下了大片特色十足的祠堂等古建筑。碧江保留了金楼、泥楼、职方第等具有典型岭南风格的民居，以及慕勤堂苏公祠、肖岩苏公祠、五间祠等岭南祠堂建筑。碧江村为珠江三角洲民居、祠堂标本部落、传统宗族文化、近代工商文化等，提供了完整的物证。

广东佛山碧江村

寻觅历史的踪迹

文物百花园

我国的历史文化街区

正定历史文化街区：整个历史文化街区全长1500米，街区内汇集着始建于唐代的广惠寺华塔、临济寺澄灵塔和开元寺钟楼，以及修复落成落成的"三关雄镇"长乐门古城池，堪称全国最高层次历史文物最密集街道，与古城内的隆兴寺、荣国府、赵云庙、国家乒乓球训练基地和科技馆等众多文物古迹、旅游景点交相辉映，共同形成一道靓丽的旅游风景线。

无锡清名桥

第二章 古代建筑文物与壁画文物

平江历史街区：位于苏州古城东北隅，东起外城河、西临临顿路，南起干将路、北至白塔东路，面积约1 165 000平方米。距今已有2500多年的历史，是苏州现存最典型、最完整的古城历史文化保护区。至今保持着路河并行的双棋盘城市格局，保留着小桥、流水、人家以及幽深古巷的江南水城特色，积淀着深厚的文化底蕴，有为数众多的古建筑、古桥、古井、古树、古牌坊、古城墙遗址。

清明桥历史文化街区：无锡清明桥历史文化街区为187 800平方米，以古运河为纽带，依托运河两岸人文古迹，连接南禅寺、清名桥、水弄堂，古窑址等景观，以恢复枕河人家的民间建筑特色。

◆中国古典园林

中国现存的著名古典园林多是明清两代的遗物。中国古典园林的精华集中在江南，所谓"江南园林甲天下，苏州园林甲江南"。苏州著名的古典园林有拙政园、留园、狮子林、沧浪亭、网师园、怡园、耦园、艺圃、环秀山庄、拥翠山庄、鹤园、畅园、壶园、残粒园等。此外，在江南其他地方和北方地区，至今也保存着一些著名的古典园林，北京的颐和园和北海，以及河北承德的避暑山庄，就是北方地区最著名的古典园林。

中国古代园林历史悠久，极具艺术魅力，为世界三大园林体系之最，世界园林之母。园林在中国古代各建筑类型中是艺术的极品。据典籍记载，我国造园始于商周，其时称为囿。《周礼》中记载有："园圃树果瓜，时敛而收之"；《说文》中记载有："囿，

颐和园

寻觅历史的踪迹

养禽兽也"；《周礼地官》中记载有："囿人，掌囿游之兽禁，牧百兽"，这些古籍记载说明囿的作用主要是放牧百兽，以供狩猎游乐。商周时代是中国古典园林的初始时期。到了秦代，秦始皇连续不断地营建宫、苑，其中最有名的是上林苑中的阿房宫，内有离宫七十所。中国古典园林自汉起称苑。汉朝把早期的游囿，发展到以园林为主的帝王苑囿行宫。汉高祖的"未央宫"，汉文帝的"思贤园"，汉武帝的"上林苑"，梁孝王的"东苑"，宣帝的"乐游园"，都是这一时期的著名苑囿。

从三国到隋朝统一中国，由于战乱较多，在没落、无为、循世和追求享乐的思想影响之下，宫苑建筑之风盛行。这一时期有影响的苑室有三国时代曹操所建的铜雀台。以园林闻名于世的苏州，在春秋、秦汉和三国时代，统治者已开始利用这里明山秀水的自然条件，兴建花园，寻欢作乐。东晋名人冒辟疆在苏州所建的辟疆园，是这个时期江南最早的私家园林。南朝时期，梁武帝的"芳林苑"，"植嘉树珍果，穷极雕丽"。同时在北朝，北方的统治者与贵族阶层在今蒙古和林格尔县兴建"鹿苑"。隋朝结束了魏晋南北朝后期的战乱状态，造园之风大兴。隋炀帝"亲自看天下山水图，求胜地造宫苑"。迁都洛阳之后，征发全国的奇材异石，以及嘉木异草、珍禽奇兽，都运到洛阳去充实各园苑，一时间古都洛阳成了以园林著称的京都。唐代在长安建有宫苑结合的"南内苑""东内苑""芙蓉苑""禁殿苑""东都苑""神都苑""翠微宫"等。

宋元造园在用石方面，有较大发展。宋徽宗尤其喜欢把石头作为欣赏对象，搜集民间奇花异石，创建了著名园林"寿山艮岳"。明清是中国园林创作的高峰期。皇家园林创建以清代康熙、乾隆时期最为活跃。建造了"圆明园""避暑山庄""畅春园"等。私家园林是以明代建造的江南园林为主，有"沧浪亭""休园""拙政园""寄畅

第二章　古代建筑文物与壁画文物

避暑山庄

园"等。明末还产生了园林艺术创作的理论书籍《园冶》。

总之，纵观中国造园艺术，可以发现中国古典园林艺术始终是以追求自然精神境界为最终和最高目的，即追求人与自然的和谐，即"天人合一"。中国古典园林的造园宗旨追求一种"虽由人作，宛自天开"的自然趣味，深浸着中国文化的内蕴。一句话，中国古典园林是中国五千年文化史造就的艺术珍品，是中华民族内在精神品格的写照。下面介绍一下中国著名的苏州园林。

一般来说，中国古典园林突破空间局限，创造丰富园景的最重要的手法，是采取曲折而自由的布局，用划分景区和空间，以及"借景"的办法。除了中国古典园林独特的艺术处理手法之外，中国古典园林的类型更是众多。比如，按照中国古典园林的拥有者可以划分为皇家园林、私家园林；按照其功能可以划分为一般园林、居所园林、寺庙园林、陵墓园林、公共园林、纪念园林等。而按照地域又可划分为北方园林、江南园林、岭南园林与巴蜀园林。另外在中国园林艺术宝库中，苏州园林堪称精华。

苏州古典园林的历史可上溯至公元前6世纪春秋时吴王的园囿，私家园林最早见于记载的是东晋的辟疆园。苏州历代造园兴盛，名园众多。明清时期，苏州成为中国最繁华的地区之一，私家园林遍布古城内外，有园林200余处，使苏州素有"人间天堂"的美称。作为苏州古典园林代表的拙政园、留园、网师园和环秀山庄，产生于苏州私家园林发展的鼎盛时期，以其构筑精致、艺术高雅、文化内涵丰富而成

寻觅历史的踪迹

拙政园

为苏州园林的代表。

其中,拙政园与北京颐和园、承德避暑山庄、苏州留园并称为我国四大古典名园之一。始建于明代正德四年(公元1509年)为明代弘治进士、御史王献臣弃官回乡后,在唐代陆龟蒙宅地和元代大弘寺旧址处拓建而成。取晋代文学家潘岳《闲居赋》中"筑室种树,逍遥自得,灌园鬻蔬,以供朝夕之膳,此亦拙者之为政也"句意,将此园命名为拙政园。王献臣在建园之期,曾请吴门画派的代表人物文征明为其设计蓝图,形成以水为主,疏朗平淡,近乎自然风景的园林。因为文征明参与设计,文人气息尤其浓厚,处处诗情画意。

沧浪亭与狮子林、拙政园、留园并列为苏州宋、元、明、清四大园林,是现存苏州园林中历史最为悠久的园林。全国景色简洁古朴,落落大方,以自然为美。沧浪亭园外景色因水而起,园门北向而开,前有一道石桥,一湾池水由西向东,环园南去清晨夕暮,烟水弥漫,极富山岛水乡诗意。而园内布局以山为主,入门即见黄石为主,土石相间的假山,山上古木新枝,生机勃勃,翠竹摇影于其间,藤蔓垂挂于其上,自有一番山林野趣。建筑亦大多环山,并以长廊相接。但山无水则缺媚,水无山则少刚,遂沿池筑一复廊,蜿蜒曲折,既将临池而建的亭榭连成一片,不使孤单,又可通过复廊上一百余图案各异的漏窗两面观景,使园外之水与园内之山相映成趣、相得益彰,自然地融为一体,此可谓借景的典范。园内还有五百名贤祠,壁上嵌有五百余

第二章 古代建筑文物与壁画文物

人像石刻，运刀细腻，颇值观赏。

狮子林为苏州四大名园之一，至今已有六百多年的历史。既有苏州古典园林亭、台、楼、阁、厅、堂、轩、廊之人文景观，更以湖山奇石、洞壑深邃而享誉盛名，素有"假山王国"之美誉。元代至正二年（公元1342年），元末名僧天如禅师维则的弟子"相率出资，买地结屋，以居其师。"因园内"林有竹万固，竹下多怪石，状如狻猊（狮子）者"，又因天如禅师维则得法于浙江天目山狮子岩普应国师中峰，为纪念佛徒衣钵、师承关系，取佛经中狮子座之意，故名"狮子林"。

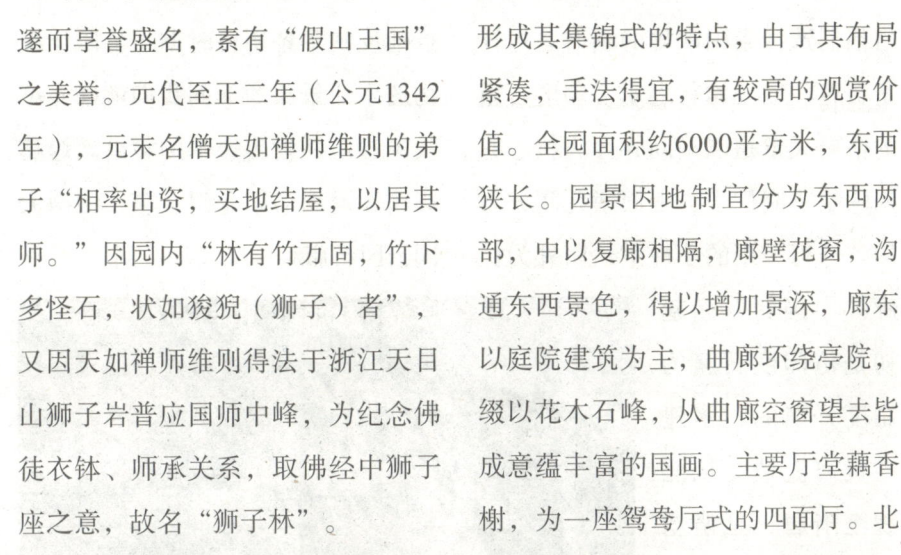

怡园是苏州园林中建筑最早的园林，以博采众长，形成集锦式景色为特点。怡园在苏州园林中建造最晚，因而得以博采诸园之长，

狮子林

形成其集锦式的特点，由于其布局紧凑，手法得宜，有较高的观赏价值。全园面积约6000平方米，东西狭长。园景因地制宜分为东西两部，中以复廊相隔，廊壁花窗，沟通东西景色，得以增加景深，廊东以庭院建筑为主，曲廊环绕亭院，缀以花木石峰，从曲廊空窗望去皆成意蕴丰富的国画。主要厅堂藕香榭，为一座鸳鸯厅式的四面厅。北临池水，南向庭院，右为小桥流水，左右有亭轩洞壑，由此可至西部各景区。东西两部还有历代名人书画条石数十方，可供观摩欣赏，

寻觅历史的踪迹

人称"怡园法帖"。另外，留园为苏州四大名园之一。园中分四个风景区，以建筑空间处理得当而居苏州园林之冠。网师园小中见大，布局严谨，主次分明，富于变化，园内有园，景外有景。是苏州古典园林中以少胜多的典范。

◆ 中国石窟文物

石窟原是印度的一种佛教建筑形式。佛教提倡遁世隐修，因此僧侣们选择崇山峻岭的幽僻之地开凿石窟，以便修行之用。印度石窟的格局大抵是以一间方厅为核心，周围是一圈柱子，三面凿几间方方的"修行"用的小禅室，窟外为柱廊。中国的石窟起初是仿印度石窟的制度开凿的，多建在黄河流域。从北魏至隋唐，是凿窟的鼎盛时期，尤其是在唐朝时期，唐代以后逐渐减少。甘肃敦煌莫高窟、甘肃天水麦积山石窟、山西大同云冈石窟和河南洛阳龙门石窟被称为中国四大石窟。石窟艺术是一种宗教文化，取材于佛教故事，兴于魏晋，吸收了印度健陀罗艺术精华，融汇了中国绘画和雕塑的传统技法和审美情趣，反映了佛教思想及其汉化过程。它所创造的佛像、菩萨、罗汉、护法，以及佛本行、佛本生的各种故事形象，都是通过具体人的生活形象而创造出来的；曲折地反映了各历史时期、各阶层人物的生活景象。下面我们就来介绍我国石窟文物古迹中的甘肃敦煌莫高窟、河南洛阳龙门石窟、山西大同云冈石窟和重庆大足石刻。

莫高窟

第二章 古代建筑文物与壁画文物

（1）莫高窟

莫高窟俗称千佛洞，被誉为20世纪最有价值的文化发现，坐落在河西走廊西端的敦煌，以精美的壁画和塑像闻名于世。莫高窟始建于十六国的前秦时期，历经十六国、北朝、隋、唐、五代、西夏、元等历代的兴建，形成巨大的规模。现有洞窟735个，壁画4.5万平方米、泥质彩塑2415尊，是世界上现存规模最大、内容最丰富的佛教艺术圣地。发现的藏经洞内有5万多件古代文物，由此衍生出专门研究藏经洞典籍和敦煌艺术的敦煌学。但由于莫高窟受到盗窃，文物大量流失，宝藏遭到严重破坏，使得中华文化受到一次浩劫。

（2）龙门石窟

龙门石窟位于洛阳市区南面12千米处，是一个风景秀丽的地方，这里有东、西两座青山对峙，伊水缓缓北流。远远望去，犹如一座天然门阙，所以古称"伊阙"。龙门石窟始开凿于北魏孝文帝迁都洛阳（493年）前后，历经东西魏、北齐，到隋唐至宋等朝代连续大规模营造。龙门石窟密布于伊水东西两山的峭壁上，南北长达1千米，现存窟龛2345个，题记和碑刻2680余品，佛塔70余座，造像10万余尊。最大的佛像高达17.14米，最小的仅有2厘米。奉先寺是龙门唐代石窟中最大的一个石窟，长宽各30余米。此窟开凿于唐高宗李治和武则天在位时期，于公元675年建成。洞中佛像明显体现了唐代佛像艺术特点，面形丰肥、两耳下垂，形态圆满、安详、温存、亲切，极为动人。石窟正中卢舍那佛坐像为龙门石窟最大佛像，身高17.14米，头高4米，耳朵长1.9米，造型丰满，仪表堂皇，衣纹流畅，是一件精美绝伦的艺术杰作。卢舍那佛像两边还有两位弟子迦叶和阿难，形态温顺虔诚，和善开朗，栩栩如生。

（3）云冈石窟

云冈石窟位于山西省大同市的云冈石窟，依山而凿，东西绵延约1千米里，共有大小石窟53个，窟龛252个，佛雕51000多尊，代表了公

寻觅历史的踪迹

元5世纪至6世纪时中国杰出的佛教石窟艺术，与敦煌莫高窟、洛阳龙门石窟并称为中国三大石窟艺术宝库。其中的昙曜五窟，是中国佛教艺术第一个巅峰时期的经典杰作。云冈石窟始建于公元460年，由当时的佛教高僧昙曜奉旨开凿。整个石窟分为东、中、西三部分，石窟内的佛龛，大、中、小窟嵌贴在云冈半腰。东部的石窟多以造塔为主，又称塔洞；中部石窟每个都分前后两室，主佛居中，洞壁及洞顶布满浮雕；西部石窟以中小窟和补刻的小龛为多。整座石窟气魄宏大，外观庄严，雕工细腻，主题突出。石窟雕塑的各种宗教人物形象神态各异。

（4）重庆大足石刻

重庆大足石刻位于重庆市，以大足县、潼南县、铜梁县、璧山县为范围，是分布在重庆北山、宝顶山、南山、石篆山、石门山的五处摩崖造像。大足石刻是大足县境内主要表现为摩崖造像的石窟艺术的总称，有石刻造像70多处，总计10万多躯，其中以宝顶山和北山摩崖石刻最著名。大足石刻以佛教造像为主，儒、道教造像并陈，是中国晚期石窟造像艺术的典范。大足石刻造像精美，完好率高。同时伴随造像出现的各种经文、傍题、颂词、记事等石刻铭文有15万余字，多为金石史中的佳品，是一座难得的文化艺术宝库。重庆大足石刻具有很高的历史、科学和艺术价值，在我国古代石窟艺术史上占有举足轻重的地位，被国内外誉为"神奇的东方艺术明珠"，是一座独具特色的世界文化遗产的宝库。

重庆大足石刻

第二章 古代建筑文物与壁画文物

◆中国寺庙文物

寺庙是我国悠久历史文化的象征。在佛教中，寺庙有许多种称谓。"寺"，最初并不是指佛教寺庙。秦代通常将官舍称为寺。汉代把接待从西方来的高僧居住的地方，称为寺。从此之后，"寺"便逐渐成为中国佛教建筑的专称。也就是说，"寺"是佛教传到中国后，中国人为尊重佛教，对佛教建筑的新称呼。在蒙古语中称"寺"为"召"，如大召、五当召等。另外有的称为布达拉宫、普陀宗乘之庙等。在道教中，寺庙的称谓也很多。道教创立之初，其宗教组织和活动场所称为"治""庐"、"靖""静室"。南北朝时，道教活动场所称为"仙馆"。北周武帝时，道教活动场所称为"观"。唐朝，因皇帝认老子为祖宗，而皇帝的居所称为"宫"，所以道教建筑也称为"宫"。还有称为"院""祠"，如文殊院、碧霞祠。儒家称呼寺庙为"庙""宫""坛"，如孔庙、文庙、雍和宫、天坛等。

在民间，奉祀祖宗、神佛或前代贤哲的地方，则称为"庙""祠"，如太庙、中岳庙、西岳庙、南岳庙、北岳庙、岱庙、祖庙、祠堂（祭祀祖宗或先贤的庙堂）、武侯祠、韩文公祠等。寺庙文化渗透到生活的各个方面，如天文、地理、建筑、绘画、书法、雕刻、音乐、舞蹈、文物、庙会、民俗等。总之，寺庙文化完整保存了我国各个朝代的历史文物，在国家公布的全国文物保护单位中，寺庙约占一半，有"历史文物的保险库"之称。中国著名的古寺有白马寺、灵隐寺、少林寺、寒山寺、隆兴寺、清净寺、大相国寺、卧佛寺、塔尔寺、扎什伦布寺。下面我们就来一一介绍。

（1）白马寺

白马寺位于河南洛阳市东郊，被称为"中国第一古刹"。白马寺是佛教传入中国后由官方营造的第一座寺院。白马寺的营建与我国佛教史上著名的"永平求法"紧密相

寻觅历史的踪迹

连。白马寺内主要建筑有天王殿、大佛殿、大雄殿、接引殿、毗卢

杭州灵隐寺

阁、齐云塔等。

（2）杭州灵隐寺

杭州灵隐寺又名云林寺，创建于东晋咸和元年（326年）。当时印度僧人慧理来到杭州，看到这里山峰奇秀，认为是"仙灵所隐"，就在这里建寺，取名"灵隐"。清康熙南巡时，赐名为"云林禅寺"。灵隐寺全盛时期有九楼、十八阁、七十二殿堂。主要建筑有天王殿、大雄宝殿、药师殿等。

（3）少林寺

少林寺在河南登封县城西北12千米的少室山麓五乳峰下，因寺院坐落在丛林茂密的少室山阴，以此得名。少林寺始建于北魏太和年间（495年）。后来印度名僧菩提达摩来到少林寺传授禅宗。因达摩被称为中国佛教禅宗的初祖，于是少林寺被称为禅宗的祖庭。少林寺以其卓绝的少林武功名扬天下，保存有唐代以来的碑碣石刻共计300多块，其中的一块"太宗文皇帝御书碑"记载了少林寺十三僧人勇救唐王李世民的史迹。另外少林僧人练武、习拳的情景在寺内白衣殿的壁画之中均有描绘。

（4）苏州寒山寺

苏州寒山寺始建于公元502年的梁天监年间。相传唐时僧人寒山曾在该寺居住，故改名为"寒山寺"。自从唐代诗人张继题了《枫桥夜泊》一诗后，寒山寺便闻名于世。主要景点有大雄宝殿、藏经楼、钟楼、碑文《枫桥夜泊》、枫江第一楼等。

第二章 古代建筑文物与壁画文物

（5）正定隆兴寺

正定隆兴寺原名"龙藏寺"，俗称大佛寺，始建于隋开皇六年（586年）。宋初，太祖赵匡胤敕令在龙藏寺内铸造铜佛，并盖大悲阁，遂以大悲阁为主体的一组宋代建筑先后告成。清康熙、乾隆年间，又两次大规模维修和增建，寺院发展到鼎盛时期。清康熙四十八年（1709年），改龙藏寺为隆兴寺。

（6）泉州清净寺

泉州清净寺又名艾苏哈子大寺，始建于北宋大中祥符二年（1009年），创建和重修者皆为阿拉伯伊斯兰教徒。清净寺建筑采用西亚形式，是中国现存最古老、具有阿拉伯伊斯兰建筑风格的清真寺。面积2100平方米，主要建筑为门楼，高20米、宽45米，辉绿石和白花岗石构筑，三层穹形尖顶拱门。

（7）开封大相国寺

开封大相国寺位于河南开封自由路西段。开封是"富丽甲天下""自古帝王都"的历史古城，民间向有"一苏二杭三汴州"之说。而"大相国寺天下雄，天梯缥缈凌虚空"，寺院历史上名僧辈出，鼎盛时期辖64禅律院，占地达36万平方米。特别是北宋期间，巡幸、文娱、参访、商贸汇集其中，成为中外佛教及文化交流的中心。

（8）北京卧佛寺

北京卧佛寺又名十方普觉寺，

开封大相国寺

位于寿牛山南麓、香山东侧。卧佛寺始建于唐贞观年间（627—649年），原名兜率寺、寿安寺。清雍

寻觅历史的踪迹

正十二年重修后改名为普觉寺。由于唐代寺内就有檀木雕成的卧佛。元代又在寺内铸造了一尊巨大的释迦牟尼涅磐铜像,因此又叫"卧佛寺"。铜佛身长5米作睡卧式,头西面南,左手自然地平放在腿上,右手曲肱托头。卧佛后面围坐着12圆觉菩萨,他们面部表情沉重悲哀,构成一幅释迦牟尼涅磐于婆罗树下,向12弟子嘱咐后事的景象。

(9)西宁塔尔寺

西宁塔尔寺又名塔儿寺,得名于大金瓦寺内为纪念黄教创始人宗喀巴而建的大银塔,古称"佛山",藏语称为"衮本贤巴林",意思是"十万狮子吼佛像的弥勒寺"。塔儿寺座落在湟中县鲁沙尔镇西南隅的连花山坳中,是我国喇嘛教格鲁派(黄教)创始人宗喀巴诞生地,我国藏传佛教格鲁派(黄教)六大寺院之一。塔尔寺初建于明嘉靖三十九年(1560年),整个寺院是由众多的殿宇、经堂、佛塔、僧舍组成的一个汉藏艺术相结合的辉煌壮丽建筑群,占地面积约600余亩。

(10)扎什伦布寺

扎什伦布寺位于日喀则市尼色日山南侧,藏语意为"吉祥须弥山"。扎什伦布寺是西藏佛教格鲁派在后藏地区的最大寺院,又是西藏地区班禅四世之后历代班禅举行宗教和政治活动的中心。扎什伦布寺始建于明正统十二年(1447年),全寺分宫殿、勘布会议、班禅灵塔殿、经学院四大部分。

扎什伦布寺

第二章 古代建筑文物与壁画文物

🔍 文物百花园

铜雀台

　　河北邯郸市的临漳县，是三国时期曹操魏国的都城，这里有一座著名的铜雀台。铜雀台是曹操于建安十五年（公元210年）建造的，传说是曹操为美人大乔、小乔而建。建安十五年，曹操正在与将士们商讨战事，忽听有人报告，邺城附近金光闪闪，派人前去挖掘，居然挖出一只铜雀来。曹操大喜，传令建造铜雀台。铜雀台前临河洛，北临漳水，虎视中原，颇显霸王气派；其楼台建筑飞阁重檐，楼宇连阙，雕梁画栋，气势恢宏。铜雀台上有房舍数百，储存有大量的生活用品，台下有景色秀美的铜雀园。公元213年，曹操又下令在铜雀台南建一金虎台，后改名为金凤台，第二年又在铜雀台北建冰井台，合称为三台。铜雀台位于三台中间，三台用阁道式浮桥相连接。

◆中国墓葬文物

　　古墓葬泛指古代人类采取一定方式对死者进行埋葬的遗迹，包括墓穴、葬具、随葬器物和墓地。中国的古墓葬分布很广，发掘出土了大量历史价值较高的珍贵文物，是探讨不同时代、地区和社会阶层之间埋葬习俗以及所属时代社会生活状况的重要资料。我国著名的古代墓葬有黄帝陵、秦始皇陵、成吉思汗陵、孔林、司马迁墓、张衡墓、张仲景墓、司马光墓、岳飞墓、李时珍墓、徐光启墓、李自成墓、郑成功墓、杨粲墓、奢香墓、阿巴和加麻札、伊斯兰教圣墓、苏禄王墓等。国外的著名墓葬则更多，每一

寻觅历史的踪迹

个世界文明古国均留下了大量的古代墓葬文物，下面我们就来介绍中外著名的古代墓葬。

（1）秦始皇陵

秦始皇陵位于西安市临潼区城东约5千米，距西安市城区约37千米，南倚骊山，北临渭水。地质学家根据卫星拍照发现，从骊山到华山正好像一条龙，秦始皇陵正好位于龙头眼睛的位置。秦始皇陵墓近似方形，顶部平坦，腰略呈阶梯形，高76米，东西长345米，南北宽350米，占地120 750平方米。陵园分内城和外城两部分。内城呈方形，周长3000米左右，北墙有2门，东、西、南3墙各有1门。外城呈矩形，周长6200余米，四角各有门址一处。内、外城之间有葬马坑、珍禽异兽坑、陶俑坑。陵外有马厩坑、人殉坑、刑徒坑、修陵人员墓葬400多个。陵墓地宫中心是安放秦始皇棺椁的地方。1974年以来，在陵园东发现从葬兵马俑坑三处，成"品"字形排列，面积共达20000平方米以上，出土陶桶8000件、战车百乘以及数万件实物兵器等文物。1980年在陵园西侧出土青铜铸大型车马2乘。是迄今中国发

秦始皇陵

第二章 古代建筑文物与壁画文物

现的体形最大、装饰最华丽、结构和系驾最逼真、最完整的古代铜车马，被誉为"青铜之冠"。秦始皇规模宏大的地宫位于封土堆顶台及其周围以下，距离地平面35米深，东西长170米，南北宽145米，主体和墓室均呈矩形状。墓室位于地宫中央，高15米。秦始皇陵的顶部是玉石制成的，墓室内有流淌的水银组成的河流。直到1974年农民挖井时才发现了墓址。根据最近的磁测结果，皇陵中有一座小山似的金银财宝。

（2）马王堆汉墓

马王堆汉墓位于长沙市区东郊浏阳河旁的马王堆乡。马王堆汉墓因传为楚王马殷的墓地，故名马王堆。三座汉墓中，二号墓是汉初长沙丞相轪侯利苍，一号墓是利苍妻，三号墓是利苍之子。三座墓中以一号墓规模最大。马王堆三座汉墓共出土珍贵文物3000多件，其中五百多件各种漆器，制作精致。马王堆汉墓发现了大批帛书和两卷医简。其中除《周易》和《老子》有今本传世外，绝大多数是古佚书，此外还有两幅古地图。医书简两卷，一卷内容与《黄帝内经》相似，讲的是养生之道，另一卷为房中术。一号墓的大量丝织品，保护完好。有一件素纱襌衣，轻若烟雾，薄如蝉翼，重量仅49克。出土的帛画，为我国现存最早的描写当时现实生活的大型作品。还有彩俑、乐器、兵器、印章、帛书等珍品。二号汉墓出土的地形图，其绘制技术及其所标示的位置与现代地图大体近似，誉为"惊人的发现"。马王堆一号汉墓出土的女尸，经历2100多年，形体完整，全身润泽，几乎与新鲜尸体相似，是防腐学上的奇迹。从三号墓中出土的帛书《五十二病方》，比《黄帝内经》还要早，是我国最早的方剂，是一份非常珍贵的医学遗产。

（3）汉武帝王陵

汉武帝王陵咸阳共葬有西汉11个皇帝中的9个，陵墓自西向东依次排列。其中最为显贵的有五陵，即高祖长陵、惠帝安陵、景帝阳陵、

寻觅历史的踪迹

茂　陵

武帝茂陵和昭帝平陵。这五陵称为"五陵原"。茂陵是西汉武帝刘彻的陵墓，位于西安市西北40千米的兴平城东北南位乡茂陵村。汉武帝建元二年（公元前139年），武帝刘彻在此建寿陵，公元前87年武帝死后葬于此。相传武帝的金缕玉衣、玉箱、玉杖等一并埋在墓中。当时在茂陵东南营建了茂陵县城，许多文武大臣、名门豪富迁居于此。茂陵封土为覆斗形，现存残高46.5米，墓冢底部基边长240米，陵园呈方形，边长约420米。陵周陪葬墓有李夫人、卫青、霍去病、霍光、金日䃅等人的墓葬。茂陵是汉代帝王陵墓中规模最大、修造时间最长、陪葬品最丰富的一座，被称为"中国的金字塔"。

汉武帝的梓宫，是五棺二椁。五层棺木，置于墓室后部椁室正中的棺床上。墓室的后半部是一椁室，有两层。南面是缺口，外层是黄肠题凑。五棺所用木料，是楸、梓和楠木。梓宫的四周，设有四道羡门，并设有便房和黄肠题凑的建筑。便房是模仿活人居住和宴飨之所，将其生前认为最珍贵的物品与死者一起殉葬于墓中，以便在幽冥

84

第二章 古代建筑文物与壁画文物

中享用。"黄肠题凑"是"以柏木黄心，致累棺外，故曰黄肠。木料皆内向，故曰题凑。"据《西京杂记》记载，武帝口含蝉玉，身着金缕玉匣。武帝身高体胖，其所穿玉衣形体很大，全长1.88米，以大小玉片约2498片组成，共用金丝重约1100克。据记载，康渠国国王赠送汉武帝的玉箱、玉杖，以及汉武帝生前阅读的30卷杂经，也一并埋入陵墓中。

（4）唐代帝王陵

唐代帝王陵陕西关中有唐十八陵，即高祖李渊献陵位于三原县东20千米的徐木原，太宗李世民昭陵位于礼泉县东北20多千米的九嵕山，高宗李治、武则天合葬墓乾陵位于乾县西北的梁山主峰，中宗李显定陵位于富平县龙泉山，睿宗李旦桥陵位于蒲城县西北15千米的丰山，玄宗李隆基泰陵位于蒲城县东北15千米的金粟山，肃宗李亨建陵位于礼泉县北12千米的索山石马岭，代宗李豫元陵位于富平县西北14千米的檀山，德宗李适崇陵位于泾阳县云阳镇东北15千米的嵯峨山主峰东侧，顺宗李诵丰陵位于富平县东北20千米的金翁山，宪宗李纯景陵位于蒲城县西北13千米的金积山，穆宗李恒光陵位于蒲城县尧山南侧，敬宗李湛庄陵位于三原县陵前乡紫家窖村东侧，文宗李昂章陵位于富平县西北15千米的雷村乡西岭山，武宗李炎端陵位于三原县徐木原西侧，宣宗李忱贞陵位于泾阳县云阳镇西北白王乡黄村北的仲山，懿宗李漼简陵位于富平县西北18千米的紫金山，僖宗李儇靖陵位于乾县东北5千米的铁佛乡南陵村，太祖李虎永康陵位于西安，元皇帝李兴宁陵位于咸阳渭城区红旗乡后排村北侧，让皇帝李宪惠陵位于蒲城县西北4千米的三合乡三合村，武则天母杨氏顺陵位于咸阳渭城区底张乡陈村南侧。

其中，乾陵是中国乃至世界上独一无二的一座两朝帝王、一对夫妻皇帝合葬陵。里面埋葬着唐王朝第三位皇帝高宗李治和中国历史上唯一的女皇帝武则天。乾陵陪葬

寻觅历史的踪迹

乾陵

墓共计17座，有太子墓二（章怀太子李贤、懿德太子李重润），王墓三（泽王李上金、许王李素节、彬王李守礼），公主墓四（义阳公主、新都公主、安兴公主、永泰公主），大臣墓八（王及善、薛元超、杨再思、刘审礼、豆卢钦望、刘仁轨、李谨行、高侃）。已发掘了永泰公主、章怀太子、懿德太子、中书令薛元超、燕国公李谨行等5座陪葬墓，出土珍贵文物4300多件，有100多幅绚烂多彩的墓室壁画，如《马球图》《客使图》《观鸟捕蝉图》《出猎图》《仪仗图》等。

（5）明朝定陵

明朝定陵是我国古代帝王的陵寝。称定陵的有吴景帝孙休的陵墓定陵、北魏孝明帝元诩的陵墓定陵、北周宣帝宇文赟的陵墓定陵、唐中宗李显的陵墓定陵、宋翼祖赵敬的陵墓定陵、金景祖完颜乌古乃的陵墓定陵、朝鲜桓祖李子春的陵墓定陵、明神宗朱翊钧的陵墓定陵、清文宗爱新觉罗氏奕詝的陵墓定陵。明十三陵的定陵位于北京昌平境内天寿山南麓，是明十三陵中所营建的第十座陵墓。明十三陵从明朝永乐七年（1409年）营建长陵始建，到清朝顺治初年营建思陵时止，筑陵时间长达二百余年。各陵依次为长陵、献陵、景陵、裕陵、茂陵、泰陵、康陵、永陵、昭陵、定陵、庆陵、德陵、思陵。明定陵是万历皇帝朱翊钧和他的两皇后的陵墓。定陵地宫是目前十三陵中唯一被开发的地下宫殿，是新中国成立后第一座有计划发掘的帝王陵墓，共出土各类文物3000多件，其中有四件国宝：金冠、凤冠、夜明珠和明三彩。定陵的地宫全部用石砌成，内无梁架，为石拱券。地宫中有7座4吨重的汉白玉石门，地宫中又分为正殿、配殿、前殿。中殿原状陈列着祭器，后殿的棺床上停放着朱翊钧和两个皇后的棺木。

（6）图坦卡蒙法老墓

图坦卡蒙是古埃及新王国时期第十八王朝法老（公元前1334—公元前1323年）。他原来的名字叫"图坦卡吞"，意思是"阿吞"的形象，后改为图坦卡蒙，意思是"阿蒙"的形象。图坦卡蒙出生于公元前1341年。他的父亲是著名的诗人法老阿肯纳顿。母亲是一位远嫁而来的外国公主。幼年生母去世，由王后纳夫蒂蒂抚养。后来图坦卡蒙和阿肯那吞的女儿结婚，由于阿肯纳顿冒进的改革触动了旧势力的权益，整个国家处于动乱之中。图坦卡蒙即位后，大权在其祖母，太皇太后泰伊的手中。在泰伊的干预下，重新树立阿蒙神，并把

图坦卡蒙法老墓

首都迁回底比斯。图坦卡蒙的名字也由图坦阿顿（阿顿神的仆人），改为图坦卡蒙（阿蒙神的仆人）。

寻觅历史的踪迹

图坦卡蒙法老墓因两个原因闻名遐迩,一是世界上发现的第一座国王的墓;二是那些神秘的诅咒。图坦卡蒙法老墓自挖掘以来,一些华丽的陪葬品曾在世界各地的博物馆展出。与此同时,从20世纪20年代开始盛传任何进入其墓地的人都将遭受厄运的诅咒,这种说法一直延续至今。图坦卡蒙法老墓在1922年被发现时,是埃及帝王陵中规模最小但保存最为完好的一座。墓中发现了3500多件文物。其棺椁共有七层,外面是四层木质棺椁,里面又有三层,分别为石棺、硬木人形棺和黄金人形棺。最内层的是黄金颜面肖像人形棺,前后均用3厘米厚的金板制成,长187.5厘米,宽51.3厘米,重134.3千克。黄金颜面肖像人形棺表面还用蓝宝石、玻璃等进行了装饰。棺内即为图坦卡蒙法老的木乃伊,木乃伊的面部佩戴着黄金面具。

文物百花园

国外著名奇异古墓葬

(1)身披盔甲的皇后墓

在秘鲁出土的一具莫切时期的木乃伊令所有人都感到困惑。这名女性木乃伊下葬时身披皇家武士的所有盔甲。这名女性的尸体被紧紧包裹着,身上被一种红色的矿物质涂抹,安放在一座土坯墓穴中。在其身旁躺着一名陪葬的少女,散落着一顶金王冠和一只金碗。此墓是在皇家禁地一个金字塔似的山头上被发现的。

(2)巴勒莫嘉布遣会修士的地下墓穴

1599年,西西里岛巴勒莫嘉布遣会的修士在一座修道院下发现了一

第二章 古代建筑文物与壁画文物

巴勒莫嘉布遣会修士的地下墓穴

些地下墓穴,在墓穴中有一些制作木乃伊的完整工具。于是,他们决定在刚刚去世的一名修士身上试试这种技术。从那时起直到1880年,制作木乃伊的风气一直在西西里岛上盛行。时至今日,人们还可以在当地看到身着各时期服饰的,腐烂程度不一的,高高悬挂着的尸体。

(3)萨顿胡——英国七世纪皇家墓地

1939年,考古发掘显示这个墓是一条盎格鲁-撒克逊时期的快速战船,长27米,宽4.2米,中间为墓室。墓内装有很多珠宝,据推断它们属于英格兰最早的一位国王东英吉利国王雷德沃尔德。

(4)吼叫的狮子

罗马北部的一座小山里有一座古墓,里面葬的是伊特鲁里亚一位英勇善战的王子。该地下墓室装饰着迁徙的鸟群和吼叫的狮子——尽管一

寻觅历史的踪迹

些人声称这些"狮子"可能是鹿或马。这是公元前700年的绘画遗迹，是欧洲最早的墓室湿壁画。墓室内发现了一把剑，一些希腊花瓶以及一辆铜制双轮战车。

（5）庞贝墓地

公元79年爆发的维苏威火山将罗马古城庞贝埋葬于地下时，它就变成了一座巨大的墓地。庞贝在地下隐藏了1600年，直至1599年，一名建筑师在挖沟渠时发现了它。150年后，考古学家开始陆续挖掘其遗址。19世纪60年代中期，一个名叫朱塞佩·菲奥雷利的考古学家意识到，灰烬中的洞眼是已腐烂的尸体留下的空间。他将石膏注入洞眼内，由此得到的石膏模型呈现了人与动物在试图逃跑时被冻结的瞬间画面。

庞贝墓地

（6）奈费尔塔里王后陵

奈费尔塔里的意思是"最美丽的人"，她是拉美西斯二世国王最宠爱的妃子。她去世时，这位伟大的法老开始在王陵谷修建规模堪称最大、最为豪华的陵墓。三个墓室的墙上都贴着描绘着奈费尔塔里王后在"天堂"的生活。其中许多画保存完好，可是盗墓者盗走了奈费尔塔里王后的木乃伊及其佩戴的许多珠宝。

第二章 古代建筑文物与壁画文物

古代壁画文物

◆ **著名的敦煌壁画**

敦煌壁画泛指存在于敦煌石窟中的壁画，包括敦煌莫高窟、西千佛洞、安西榆林窟共有石窟552个，有历代壁画五万多平方米，是我国也是世界壁画最多的石窟群。敦煌壁画是敦煌艺术的主要组成部分，内容丰富多彩，主要描写神的形象、神的活动、神与神的关系、神与人的关系，以寄托人们善良的愿望，安抚人们心灵。著名的敦煌壁画有九色鹿救人、释迦牟尼传记、萨锤那舍身饲虎等。敦煌壁画的类别主要有佛像画、经变画、族传统神话题材、供养人画像、装饰图案画、故事画、山水画。

（1）佛像画

佛像画是壁画的主要部分，其中包括各种佛像——三世佛、七世佛、释迦、多宝佛、贤劫千佛等；各种菩萨——文殊、普贤、观音、势至等；天龙八部——天王、龙王、夜叉、飞天、阿修罗、迦楼罗（金翅鸟王）、紧那罗（乐天）、大蟒神等。这些佛像大都画在说法图中。莫高窟壁画中的说法图有933幅，各种神态各异的佛像12208身。

（2）经变画

利用绘画、文学等艺术形式，

三世佛

寻觅历史的踪迹

通俗易懂地表现深奥的佛教经典，称为"经变"。而用文字、讲唱手法表现的，叫做"变文"。用绘画的手法表现经典内容者叫"变相"，即经变画。

（3）民族神话题材

在北魏晚期的洞窟里，出现了具有道家思想的神话题材。西魏249窟顶部，除中心画莲花藻井外，东西两面由八王八节扬幡的方士开路，后有人首龙身的开明神兽随行，朱雀、玄武、青龙、白虎分布各壁。

（4）供养人画像

供养人，就是信仰佛教出资建造石窟的人。他们为了表示虔诚信佛，留名后世，在开窟造像时，在窟内画上自己和家族、亲眷和奴婢等人的肖像，这些肖像，称之为供养人画像。

（5）装饰图案画

装饰图案画主要是用于石窟建筑装饰，也有桌围、冠服和器物装饰等。装饰花纹随时代而异，千变万化，具有高超的绘画技巧和丰富的想象力。图案画主要有藻井图案、椽间图案、边饰图案等。

（6）故事画

为了广泛吸引群众，大力宣传佛经佛法，必须把抽象、深奥的佛教经典史迹用通俗的简洁的、形象的形式灌输给群众，感召他们，使之笃信朝

藻井图案

第二章　古代建筑文物与壁画文物

拜。于是，在洞窟内绘制了大量的故事画。故事画主要分为五类。一是佛传故事。主要宣扬释迦牟尼的生平事迹。其中许多是古印度的神话故事和民间传说，一般画"乘象入胎""夜半逾城"的场面较多。第290窟的佛传故事用顺序式结构绘制，共87个画面，描绘了释迦牟尼从出生到出家之间的全部情节。二是本生故事画。是指描绘释迦牟尼生前的各种善行，宣传"因果报应""苦修行善"的生动故事，如"萨埵那舍身饲虎""尸毗王割肉救鸽""九色鹿舍己救人""须阇提割肉奉亲"等。三是因缘故事画。是佛门弟子、善男信女和释迦牟尼度化众生的故事。本生只讲释迦牟尼生前故事；而因缘则讲佛门弟子、善男信女前世或今世之事。主要故事有"五百强盗成佛""沙弥守戒自杀""善友太子入海取宝"等。四是佛教史迹故事画。是指根据史籍记载画成的故事，包括佛教圣迹、感应故事、高僧事迹、瑞像图、戒律画等。这类画多绘于洞窟龛内四披、甬道顶部和角落处次要地方，如第323窟的"张骞出使西域图""佛图澄"和第72窟的"刘萨诃"等。五是比喻故事画。是释迦牟尼深入浅出、通俗易懂地给佛门弟子、善男信女讲解佛教教义所列举的故事，如"象护与金象""金毛狮子"等。七是山水画。山水画遍布石窟，内容丰富，形式多种多样。大多与经变画、故事画融为一体，起陪衬作用。有的是按照佛典中的山水，描绘出"极乐世界"青山绿水、鸟语花香的美丽自然风光；有的是以山水为主体的独立画幅，如第61窟的"五台山图"。

敦煌壁画除装饰图案而外，一般有情节的壁画，特别是经变画和故事画，都反映了大量的现实社会生活，如统治阶级的出行、宴会、审讯、游猎、剃度、礼佛等；劳动人民的农耕、狩猎、捕鱼、制陶、冶铁、屠宰、炊事、营建、行乞等；还有嫁娶、上学、练武、歌舞百戏、商旅往来、少数民族、外国

寻觅历史的踪迹

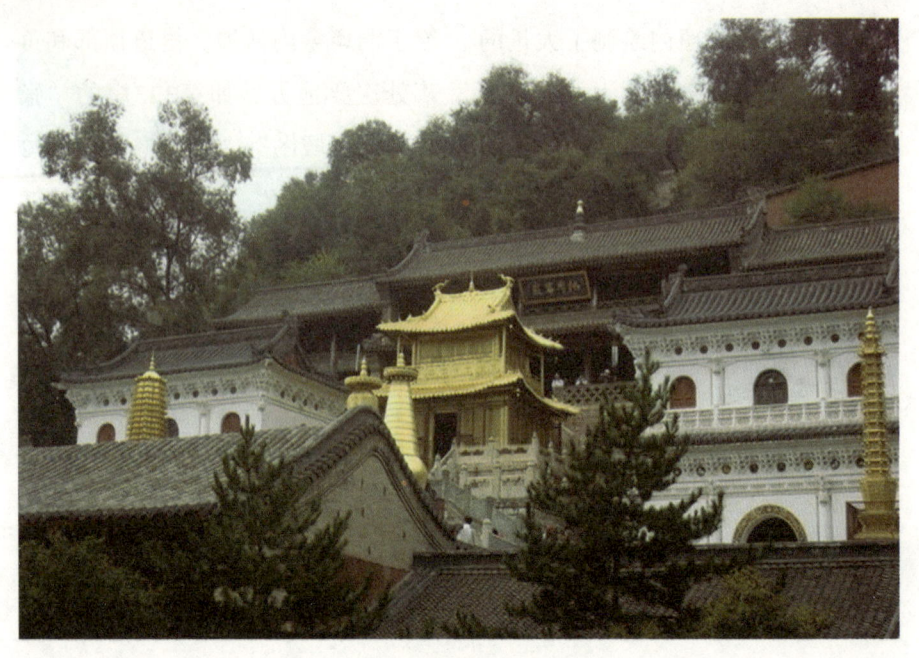

五台山

使者等等各种社会活动。敦煌壁画的内容还有建筑画、器物画、花鸟画、动物画等。总之，敦煌壁画的艺术价值弥足珍贵，在结构布局、人物造型、线描勾勒、赋彩设色等方面系统地反映了各个时期的艺术风格及其传承演变、中西艺术交流融汇的历史面貌。

第三章 玉石陶瓷漆与金属类文物

寻觅历史的踪迹

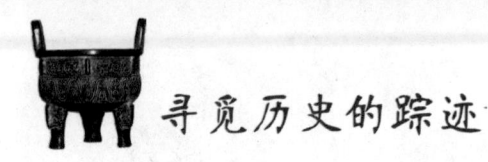

　　文物依据制作材料的不同，可以分为玉器、石器、陶器、瓷器、漆器、铜器、铁器、金银器等。其中，玉器是指用玉石雕刻成的器物。玉器包含古玉，自雕琢成器算起100年以上的玉器称为古玉或古玉器。即清末及以前的玉器属古玉器。玉器又分为传世古和出土古。现代玉饰的品种款式有玉珠串、玉手镯、玉发夹、翡翠挂件、套装饰品、玉戒指、金镶玉品、玉腰带等。除岫玉、玛瑙、密玉等玉料外，还采用翡翠、青金、鸡肝石、孔雀石、东林石、珊瑚、水晶、芙蓉石、木变石等等玉石原料。陶器是指以粘土为胎，经过手捏、轮制、模塑等方法加工成型后，在800℃~1000℃高温下焙烧而成的物品，坯体不透明。陶器可分为细陶和粗陶，白色或有色，无釉或有釉。品种有灰陶、红陶、白陶、彩陶和黑陶等。中国早在商代，就已出现釉陶和初具瓷器性质的硬釉陶。瓷器脱胎于陶器，它的发明是中国古代汉族先民在烧制白陶器和印纹硬陶器的经验中，逐步探索出来的。烧制瓷器必须同时具备三个条件：一是制瓷原料必须是富含石英和绢云母等矿物质的瓷石、瓷土或高岭土；二是烧成温度须在1200℃以上；三是在器表施有高温下烧成的釉面。大约在公元前16世纪的商代中期，中国就出现早期瓷器，称为"原始瓷"。中国是瓷器的故乡，瓷器的发明是中华民族对世界文明的伟大贡献。金银器是中国艺术发展史上杰出的历史文化瑰宝，历经无数工匠研究和钻研，体现华夏文化的民族精髓。金银器的制作在中国古代出现过几次高潮，发展到较高的水平，其器物形制、纹饰，千姿百态，美不胜收。接下来，本章就来介绍文物百花园中的玉器、石器、陶器、瓷器、漆器、铜器、铁器、金银器等材质的文物。

第三章 玉石陶瓷漆与金属类文物

中国的玉器

中国玉器源远流长，有七千年的历史。七千年前南方河姆渡的先民们，在选石制器过程中，揭开了中国玉文化的序幕。在距今四五千年前的新石器时代中晚期，辽河流域，黄河上下，长江南北，中国玉文化到处闪耀，其中以太湖流域良渚文化、辽河流域红山文化的出土玉器，最引人注目。良渚文化玉器种类较多，典型器有玉琮、玉璧、玉钺、三叉形玉器及成串玉项饰等。良渚玉器以体大自居，显得深沉严谨，以浅浮雕的装饰手法见长，线刻技艺达到后世望尘莫及的地步。最能反映良渚琢玉水平的是玉琮和兽面羽人纹的刻画。

与良渚玉器相比，红山文化少见方形玉器，而以动物形玉器和圆形玉器为特色。典型器有玉龙、玉兽形饰、玉箍形器等。红山文化琢玉技艺最大的特点是，玉匠能巧妙地运用玉材，把握住物体的造型特点，寥寥数刀，把器物的形象刻画得栩栩如生，十分传神。从良渚、红山古玉多出自大中型墓葬分析，新石器时代玉器除祭天祀地，陪葬殓尸外，还有辟邪，象征着权力、财富、贵贱等功能。接下来我们就

玉 琮

寻觅历史的踪迹

来简单说一说中国玉器的历史。

(1) 先秦时代的玉器

夏代是中国第一个阶级社会。夏代玉器的风格,是良渚文化、龙山文化、红山文化玉器向殷商玉器

玉鳖

的过渡形态,可从河南偃师二里头遗址出土玉器窥其一斑。二里头出土的七孔玉刀,造型源出新石器时代晚期的多孔石刀,而刻纹又带有商代玉器双线勾勒的滥觞,是夏代玉器。商代文明不仅以庄重的青铜器闻名,也以众多的玉器著称。

商代早期玉器发现不多,琢制较粗糙。商代晚期玉器以安阳殷墟妇好墓出土玉器为代表,共出玉器755件,分为礼器、仪仗、工具、生活用具、装饰品和杂器六类。商代开始使用和田玉,出现了仿青铜彝器的碧玉簋、青玉簋等实用器皿。动物、人物玉器超过几何形玉器,玉龙、玉凤、玉鹦鹉,神态各异,形神毕肖。商代已出现我国最早的俏色玉器——玉鳖,已开始有了大量的圆雕作品。

周代在继承殷商玉器双线勾勒技艺的同时,独创粗线或细阴线镂刻的琢玉技艺,这在鸟形玉刀和兽面纹玉饰上大放异彩。但总体上,西周玉器没有商代玉器活泼多样,显得有点呆板,过于规矩,这与西周严格的宗法、礼俗制度不无关系。春秋战国时期,政治上诸侯争霸,文化艺术上百花齐放,玉雕艺术光辉灿烂。东周王室和各路诸侯佩挂玉饰,以标榜自己是有"德"的仁人君子。

第三章　玉石陶瓷漆与金属类文物

"君子无故，玉不去身"，每一位士大夫，从头到脚，都有一系列的玉佩饰，尤其腰下的玉佩系列更加复杂化，所以当时佩玉特别发达。能体现时代精神的是大量龙、凤、虎形玉佩；饰纹出现了隐起的谷纹，附以镂空技法。人首蛇身玉饰、鹦鹉首拱形玉饰，反映了春秋诸侯国琢玉水平和佩玉情形。湖北曾侯乙墓出土的多节玉佩，河南辉县固围村出土的大玉璜佩，都用若干节玉片组成一完整玉佩，是战国玉佩中工艺难度最大的。另外，春秋战国时期，和田玉大量输入中原，王室诸侯竞相选用和田玉。此时儒生们用和田玉来体现礼学思想，以儒家的仁、智、义、礼、乐、忠、信、天、地、德等传统观念，比附和田玉的各种特点，认为玉有五德、九德、十一德。这是中国人七千年爱玉风尚的精神支柱。

（2）秦汉时代的玉器

秦代出土秦玉寥寥可数。汉代玉器继承战国玉雕的精华，奠定了中国玉文化的基本格局。汉代玉器分为礼玉、葬玉、饰玉、陈设玉四类，最能体现汉代玉器特色和雕琢工艺水平的，是葬玉和陈设玉。汉代葬玉工艺不平不高。反映汉代玉器工艺水平的是陈设玉，有玉奔马、玉熊、玉鹰、玉辟邪等，多为圆雕或高浮雕作品。汉皇室装饰玉有衰落的趋势，多见小型的心形玉佩、玉刚卯、玉觿等。岭南的汉代南越王国出土的大批装饰玉，以龙虎并体玉带钩、镂空龙凤纹玉套环最为精美，堪称稀世珍宝。东汉玉

镂空龙凤纹玉套环

器的阴线刻纹，复苏盛行，绘画趣味有所加强。

寻觅历史的踪迹

（3）魏晋南北朝隋唐时代的玉器

三国魏晋南北朝时期，是玉文化的低潮，出土玉器极少，而且都具汉代遗韵，有所创新的，只有玉环和玉盏。原因是当时不爱好琢玉，而盛行吃玉。在神仙思想和道教炼丹术的影响下，觅玉、吃玉达到了疯狂的程度。隋代著名的玉器有李静训墓出土的金扣白玉盏，琢磨精细，质地温润，光泽柔和，金玉互为衬托，富丽高雅。唐代玉器数量虽不多，但所见玉器件件都是珍品，工艺极佳。唐代玉匠从绘

渎山大玉海

画、雕塑及西域艺术中汲取艺术营养，琢磨出具有盛唐风格的玉器。著名的玉器有八瓣花纹玉杯，兽首形玛瑙杯。

（4）宋元时代的玉器

公元960—1234年的274年间，是宋、辽、金的对峙分裂时期。宋代承五代大乱之余，在中国文化史上是一个重要时期。宋、辽、金既互相挞伐又互通贸易，经济、文化交往十分密切，玉器艺术共同繁荣。宋徽宗赵佶的嗜玉成瘾，金石学的兴起，工笔绘画的发展，城市经济的繁荣，写实主义和世俗化的倾向，都直接或间接地促进了宋、辽、金玉器的空前发展。宋、辽、金玉器实用，装饰玉占重要地位，礼性大减，玩味大增，玉器更接近现实生活。著名的玉器有南宋的玉荷叶杯，北宋的花形镂雕玉佩，女真、契丹的"春水玉""秋山玉"。元代玉器承延宋、金时期的艺术风格，采取起突手法，其典型器物是渎山大玉海，海神兽畅游于惊涛骇浪之中，颇具元人雄健豪迈之气魄。

（5）明清时代的玉器

明清时期是中国玉器的鼎盛

第三章　玉石陶瓷漆与金属类文物

时期，其玉质之美，琢工之精，器形之丰，作品之多，都是前所未有的。明清皇室爱玉成风，乾隆皇帝不遗余力地加以提倡。定陵出土的明代玉玺、清代的菊瓣形玉盘、桐荫仕女图玉雕，都是皇室用玉。另外民间玉肆十分兴隆，苏州诸巷是明代的琢玉中心。明清玉器千姿百态，茶酒具盛行，仿古玉器层出不穷。清玉器借鉴绘画、雕刻、工艺的表现手法，汲取传统的阳线、阴线、平凸、隐起、起突、镂空、立体、俏色、烧古等多种琢玉工艺，融合贯通，综合应用，达到炉火纯青的艺术境界。

文物百花园

出土的玉器

神像飞鸟纹玉琮：上海青浦福泉山良渚文化墓葬出土的神像飞鸟纹玉琮，湖绿色，玉质晶莹，有透光性。在琮体四面分别琢出一组神人兽面纹，即良渚先民崇拜的神像。其四角有四只飞鸟，为神像的使者。玉琮是史前时期祭典和敛葬的重要礼器。

玉琀：玉琀是人骨口中发现的一种玉器，最早出现在新石器时代的崧泽文化遗址中。玉琀造型简洁，呈鸡心形。中穿一大孔，是以管钻从单面钻成，通体琢磨精致。

◆中国六大著名玉种

中国玉器经过七千年的持续发展，经过无数能工巧匠的精雕细琢，经过历代统治者和鉴赏家的使用赏玩，经过理学家的诠释美化，最后使得玉成为人生不可缺少的精

寻觅历史的踪迹

神寄托。在中国古代艺术宝库中，与人们生活关系最密切者，是玉器。玉已深深融合在中国传统文化与礼俗之中，充当着特殊的角色，发挥着其他工艺美术品不能替代的作用，打上了政治、宗教、道德等烙印，蒙上了一层神秘面纱。中国之所以能够创造出悠久、灿烂、多

蓝田玉

样的玉文化，除了制作工艺、社会历史文化诸多方面的因素之外，中华大地富产玉石也是成就中华玉文明的重要物质基础。下面我们就来介绍中国六大著名玉种。

（1）蓝田玉

蓝田玉产于陕西兰田县。蓝田玉外观为黄色、浅绿色，不透明，硬度为摩氏4度。属蛇纹石化的透辉石类。蓝田玉开采历史悠久，见于《汉书》，及张衡、班固等文赋记载。因产量不多，汉代以后，各地均采用和田玉为玉材。所以蓝田玉开采和应用渐渐失传。地质部门曾对蓝田玉进行了考察。据研究，陕西咸阳茂陵附近出土的大型"兽面纹玉辅首"即采用蓝田玉制作。

（2）南阳玉

南阳玉，因其地处河南南阳独山，故而又称独山玉、独玉。南阳玉为斜长石类玉石，质地细腻，纯净，具有油脂或玻璃光泽，透明或微透明。从色彩角度来说，南阳玉为多色玉石，即常见的南阳美玉多是由两种或三种以上的色调所组成的多色玉，颜色鲜艳。其品种一般有水白玉、白玉、乌白玉、绿玉、绿白玉、天蓝玉、翠玉、青玉、紫玉、

第三章 玉石陶瓷漆与金属类文物

亮棕玉、黄玉、黄蓉玉、墨玉及杂色玉等。从历史角度来看，南阳玉开采历史悠久，比如中国考古文化史上的陕西神木龙山文化玉斧，殷墟玉器，妇好墓玉器等，均有以南阳玉为玉材的精美古玉器。由于南阳玉的储量相当丰富，因而在市场上南阳玉的品种巨多，是与中国普通民众距离最近的中国美玉。

（3）酒泉玉

酒泉玉，因产于甘肃西部的祁连山脉，所以酒泉玉又称为"祁连玉"。从矿物学角度说，酒泉玉属于蛇纹石族玉石。酒泉玉的颜色与光泽特征是，半透明，以绿色为多，而且上面带有均匀的黑色斑点，这是酒泉美玉的重要特点。作为中国五大古玉品种之一，中国酒泉玉的开采史同样悠久而古老，根据考古资料其最早历史可以上溯到新石器时代，比如甘肃武威的娘娘台遗址出土的齐家文化的文物中，即有精美的酒泉玉璧。

（4）岫岩玉

岫岩玉，因主要产地在辽宁岫岩而得名，又称岫玉。岫岩玉在矿物类别上属于蛇纹石，其成矿条件是镁质碳酸岩的变质大理石中。由于这种矿床在中国很多，所以中国有大批类似岫玉的产地，这即使得市场上岫玉的仿品众多。从色泽角度来说，岫玉外观呈青绿色，黄绿色，半透明。而在抛光后呈蜡状光泽。从历史角度来看，新石器时代的红山文化即出现大量的岫岩玉。商代妇好墓出土玉器中也有许多岫岩玉。当前岫岩美玉的产地主要有：岫岩境内的细玉沟岫玉，俗称老玉，为透闪石软玉，存量较少；瓦沟岫玉，开采历史悠久，储量丰富，产量占全国玉石的60%。

（5）和田玉

和田玉，其产地的分布带主要位于新疆莎车、塔什库尔干、和田、于阗、且末等绵延1500千米的昆仑山脉北坡，共有九个产地。从矿物学角度来说，和田玉的矿物组成以透闪石"阳起石"为主，含微量透辉石、蛇纹石、石墨、磁铁。

寻觅历史的踪迹

和田玉

从和田玉的色泽来说,主要有白色、青绿色、黑色、黄色等,其中尤其以"白色"为贵,比如和田玉中的"羊脂玉",乃玉中极品。总体而言,和田玉的多数品种属于单色玉,少数含有杂色,玉质为半透明,抛光后呈脂状光泽。从历史角度看,制作时代最早的和田玉玉器出自殷墟妇好墓。春秋战国以后,和田玉逐渐成为中国社会的主要玉材。清代乾隆时期琢制的大禹治水玉山,青玉材重一万零七百余斤,即采自密勒塔山中。

另外从种类上来说,中国的和田玉依据其产出地的不同可以划分为三种:仔料、山流水、山料。

所谓"仔料",又叫"子儿玉",是指原生矿经剥蚀而被冲刷、搬运到河流中的玉石。一般分布在河床及两侧的河滩中,特点是块度较小,常为卵型,表面光滑。仔玉又分为裸体子玉和皮色子玉。裸体子玉一般采自河水中,而皮色子玉一般采自河床的泥土中。一般而言,皮色子玉的名贵品种有枣皮红、黑皮子、秋梨黄、黄蜡皮、洒金黄、虎皮子等。所谓"山流水",是指原生玉矿石经风化崩落,而后由河水冲至河流的中上游而形成的玉石,特点是距原生矿近,块度较大,棱角稍有磨圆,表面较光滑,与仔玉相比,其年代较轻。所谓"山料",又称为山玉、盖宝玉,是指产于山上的原生矿,特点是块度不一,呈棱角状,良莠不齐,质量常不如山流水和仔玉,属于未经自然加工的玉石,其操作工序比较繁琐,可以用

第三章 玉石陶瓷漆与金属类文物

于玉石投资与收藏文化中的"赌石"之举。

（6）昆仑玉

昆仑玉又称青海玉，属于中国软玉的一种（和田玉也属于软玉）。昆仑玉的产地位于昆仑山的东段部分（即传说中的西王母瑶池附近），由于此处属于青海省境，因此称为青海玉。由于昆仑玉与和田玉皆属于昆仑山脉，而且其分布地带呈现一个位于昆仑山东、一个位于昆仑山北，所以两者之间具有一定的渊源与同似性。另外，由于昆仑玉与辽宁岫玉很相似，因此又被称为"昆仑岫玉"，但其透明度略显较差。

从昆仑玉的品质来说，晶莹圆润、纯洁无暇、无裂纹、无杂质的上品昆仑玉，其价值完全可以与和田玉相媲美。从色泽与质地来看，青海昆仑玉的质地细润、淡雅清爽、油性好、透明度高，主要的色彩品种有白玉、灰玉、青玉、白带绿、糖包白等。尤其值得一提的是昆仑玉中的极品美玉"白加翠"，是昆仑玉中独有的奇特品种，特点是"白中带碧绿"，而且纹理细腻，色泽丰富，神韵独具。

昆仑玉

寻觅历史的踪迹

文物百花园

缅甸玉

　　缅甸玉，又称翡翠玉。从这种玉的色泽来说，缅甸翡翠玉的颜色因地域习俗的不同而有所区别。比如在"玉石王国"缅甸，其缅甸玉的颜色基调可分为白色，红色，绿色，黑色，黄色，紫色。从缅甸玉的种类来划分，其可以细分为：老坑种缅甸玉——这种玉的特征是，浓绿色分布均匀，浓度高且质感好，是最高档的翡翠。白底青种缅甸玉——这种玉的特征是，质地较细，往往是纤维结构，且底色一般较白，绿色部份大多数是团块状出现。最明显的特征是底色雪白，其中鲜绿色成斑状分布。花青种缅甸玉——这种玉的特征是，绿色分布呈脉状的，绿色分布不规则的一种翡翠，其底色可能为淡绿色或其它颜色，质地可粗可细，可细分为豆底花青、马子花青、油底花青。油青种缅甸玉——这种玉的特

缅甸玉

第三章　玉石陶瓷漆与金属类文物

征是，翠绿色较暗，颜色不是纯的绿色，掺有灰色或蓝色，不够鲜艳，又由于表面光泽似油脂，所以称为油青种；那些颜色较深的，则称为瓜皮油青。豆种缅甸玉——这种玉的特征是，翡翠晶体多数是短柱状，晶体的边界很清楚，看起来很像一粒一粒的绿豆，所以叫做豆种，豆种是极普通的缅甸玉品种。芙蓉种缅甸玉——这种玉的特征是，颜色一般为淡绿色，但不带黄，绿得较纯正，质地比豆种细，结构也有颗粒状但看不到颗粒的界限。金丝种缅甸玉——这种玉的特征是，翡翠的颜色成一丝丝的形状，且是互相平行，绿色沿着一定方向间断出现。马牙种缅甸玉——这种玉的特征是，翡翠质地虽较细，但不透明，好象瓷器一样，大部分为绿色，仔细看能看到绿色当中有很细的一丝丝的白条。紫罗兰缅甸玉——这种玉的特征是，是一种紫色的翡翠，紫色一般都较淡，好象紫罗兰花颜色，故而称为紫罗兰。紫色的翡翠，一般在黄光下观看会显得紫色较深。紫色深的，质地细的，透明度高的翡翠很难得到。这种美丽的缅甸玉可分为粉紫、茄紫、蓝紫三种。其中粉紫，质地较细，透明度好；茄紫较次，蓝紫一般质地较粗。

◆玉器的类别与工艺

中国是世界上主要产玉国，开采历史悠久，分布地域极广，蕴量丰富。据《山海经》记载，中国产玉的地点有两百余处。玉矿为中国玉雕艺术的提供源源不尽的原料。中国最著名的产玉地是新疆和田，是中国古代玉器原料的重要来源。古代的丝绸之路最早就是玉石之路，除和田玉外，甘肃的酒泉玉，陕西的蓝田玉，河南南阳的独山玉和密县玉，辽宁的岫岩玉等，也是中国玉器的常用原料。1863年，法国矿物学家德莫尔，根据传到欧洲的清代乾隆玉器，进行物理化学实验，结果表明，玉材有两种，即角闪石和辉石类。角闪石称软玉，包括透闪石和阳起石，主要成分是硅

寻觅历史的踪迹

酸钙的纤维矿物。角闪石的色泽较近于油脂的凝脂美，纯者色白，俗称羊脂玉，细腻温润，非常名贵。辉石类称硬玉，翠绿者质地最佳，以硅酸钠和硅酸铝为主，有隐约的水晶状结构，具有玻璃的光泽，清澈晶莹。翠绿色、苹果绿、雪花白、淡紫色，都是辉石类的典型色泽。中国古代玉器绝大部分为角闪石制品。和田玉的矿物组成以阳起石为主，并含蛇纹石、石墨、磁铁等矿物质，形成白色、青绿色、黑色黄色等不同色泽。

中国玉器所用原料种类繁多，有新疆的和田玉，湖北的绿松石，云南的翡翠，东北的玛瑙、岫岩玉，海南的水晶，台湾和南海诸岛的珊瑚等。历来以新疆和田玉为上乘之品。和田玉产于新疆和田，有白、碧、青白、黄、绿、墨等色，也有杂色和掺色玉，一般以白色（尤其是羊脂白玉）为最佳。除中

玛 瑙

第三章　玉石陶瓷漆与金属类文物

国外，玉石产地还有印度、缅甸、前苏联、美国、新西兰、德国等国家。中国玉器按用途分为六类：一是装饰类玉器，有玉坠、玉珥（耳环）、玉带、步摇、簪花、帽冠玉饰、玉佩、笄珈等；二是祭祀类玉器，有玉璧、玉琮、玉圭等；三是殉葬类玉器，有玉衣、玉蝉、玉枕等；四是礼仪类玉器，有镇圭、玉笏等，其中镇圭长约40厘米，上尖下方，以山为纹饰，为帝王所执，寓意镇安天下；五是陈设类玉器，有人物、神佛、龙凤、鸟兽等题材的艺术品，以及炉、鼎、熏等仿古器皿；六是生活用品类玉器，有乐器（玉箫、玉磬、玉笛）、文房用具（笔架、水洗、砚、镇尺、玉函）、碗、钵、梳、钩、帘、筷等。

玉器的工艺过程主要有相玉设计、画活、琢碾、光亮等。"相玉设计"就是断定玉石的内部质地、外形的优劣，然后因材施艺，进行构思。"画活"就是根据构思，在玉石上用墨线画出初步的造型，并且在琢碾过程中不断加以完善、修改。"琢碾"就是以铁制的圆盘或钉头制成的碾砣为工具，以水和金刚砂为介质，用双脚踩踏，带动碾砣转动，运用铡、錾、冲、压、勾、镂空等技法，缓慢而谨慎地琢碾。"光亮"，俗称抛光，是以紫胶（洋干漆）、木材、葫芦瓢、牛皮、铜等制成碾砣，并以粉剂为介质，将琢碾后的玉器碾磨平整，使玉器显露出温润、晶莹的质地。

中国玉器上的纹饰丰富多样，具有明显的时代特征。主要有：

折线纹：阴刻直线，顶端折回，主要作为动物身上的装饰。

重环纹：以两条阴线琢出环纹，饰于龙及其他动物之身。

对角方格纹：以双阴线琢刻方格，相邻两格对角线相连，等距连续排列，主要饰于龙及其他动物之身。

双连弦纹：以单阴线琢刻的人字形连弧短线，饰于龙身及首角上。

三角纹：以阴线琢刻出三角，多见于龙身，玉璜及器物柄部。

寻觅历史的踪迹

兽角纹：主要是龙角、牛角和羊角三种。

臣字眼：似古文"臣"字，故名。饰于鸟兽之眼，动物装饰中常见。

蘑菇形角：先秦玉器的龙纹，龙角顶端有一圆球状装饰，似未开

龙 纹

的蘑菇，故名。

兽面纹：玉器上的兽面纹有龙、牛、羊等，也有未知的动物。纹饰多采用阴刻线或挤压法琢出的直线及折线构成。

螭纹：螭是传说中的一种没有角的龙，卷尾，螭屈，螭纹流行于春秋战国的玉器上，至宋代头部结构变化，嘴部较方、细长，眼较大，细身，肥臀，明清仍有。

龙纹：龙纹是历代玉器的主要纹饰之一，最早见于红山文化。一般为蛇身，或素身，或饰有鳞纹，有的有足，有的无足。

鸟纹：一般羽毛多为阴刻细长线，鸟尾有孔雀尾或卷草式，眼部表现有臣子形、三角眼及单凤眼等。

云纹：玉器上的云纹形式很多，有单岐云，由云头、云尾两部分组成。有双岐云，云头部分分叉。有三岐云，云头部分分为三朵小卷云。还有灵芝云等。

谷纹：为圆形凸起的小谷粒，有的呈螺旋状，是历代玉器的主要辅纹之一。

第三章　玉石陶瓷漆与金属类文物

文物百花园

硬玉与软玉

（1）硬　玉

19世纪，法国矿物学家德穆尔将中国的"玉"分为软玉和硬玉。硬玉，我国俗称"翡翠"。翡翠不管是"山料"（原生矿石），还是"籽料"（次生矿石），主要是由硬玉矿物组成的致密块体。在显微镜下观察，组成翡翠的硬玉矿物紧密地交织在一起，形成翡翠的纤维状结构。这种紧密的纤维状结构，使翡翠具有细腻和坚韧的特点。硬玉是由一种钢和铝的硅酸盐矿物组成，纯净者无色或白色。此外含有微量的铬、镍。其中，铬是使翡翠具有翠绿色的主要因素。常见的翡翠颜色有白、灰、粉、淡褐、绿、翠绿、黄绿、紫红等，多数不透明，有玻璃光泽。按颜色和质地分，有宝石绿、艳绿、黄阳绿、阳俏绿、玻璃绿、鹦哥绿、菠菜绿、浅水绿、浅阳绿、蛙绿、瓜皮绿、梅花绿、蓝绿、灰绿、油绿、紫罗兰和藕粉地等品种。

翡翠白菜

（2）软　玉

软玉是我国矿物学家对英文Nephrite的译名。这一英文名称源于希腊

寻觅历史的踪迹

语,有"肾脏"之意。这是因为古代洲认为将这种玉石佩挂在腰部可以治愈肾病。中国在世界上有"玉石之国"之称,这同发现和使用软玉的悠久历史有关。软玉在我国有白玉、青玉、碧玉、黄玉和墨玉等品种,是由角闪石族矿物中透闪石、阳起石矿物组成的致密块体。在显微镜下观察,软玉同硬玉一样也呈纤维状结构。这种由透闪石或阳起石组成的纤维状结构,是软玉具有细腻和坚韧性质的主要原因。软玉常见颜色有白、灰白、绿、暗绿、黄、黑等色,多数不透明,有玻璃光泽。软玉的品种主要按颜色来划分。白玉中最佳者白如羊脂,称"羊脂玉"。青玉呈灰白至青白色。碧玉呈绿至暗绿色,当含杂质多而呈黑色时,即为珍贵的墨玉。青玉中有糖水黄色皮壳,称为"糖玉"。白色略带粉红色称为"粉玉"。虎皮色的则称为"虎皮玉"。

中国的石器

石器指以岩石为原料制作的工具,它是人类最初的主要生产工具,盛行于人类历史的初期阶段。从人类出现直到青铜器出现前,共经历了二三百万年,属于原始社会时期。根据不同的发展阶段,又可分为旧石器时代和新石器时代,也有人将新、旧石器时代之间列出一个过渡的中石器时代。旧石器时代使用打制石器,这种石器利用石块打击而成的石核或打下的石片,加工成一定形状的石器。种类有砍砸器、刮削器、尖状器等。新石器时代盛行磨制石器,这种石器先用石材打成或琢成适当形状,然后在砺石上研磨加工而成。石器种类很多,常见的有斧、凿、刀、镰、犁、矛、镞等。齐家文化等新石器时代末期文化,能见少数刀、凿、镜子等红铜器。夏商时期,人类社

第三章 玉石陶瓷漆与金属类文物

会进入了阶级社会，但夏商，甚至更晚的一段时期内，石器仍作为重要工具使用。由于矿体的开采、溶炼、铸锻等技术水平，当时的金属工具、武器，不少还是承袭磨制石器形制发展而成的，石器中的斧、锛、铲、刀、镰、镞、矛头等器形，不但是青铜器的祖型，甚至影响到铁器。值得注意的是，金属器产生以后，某些磨制石器又直接因袭青铜器的形制，如钺、戈、剑、斧等。

据推测，人类形成的过程中，在长期使用天然木棒和石块来获取食物和防卫时，偶尔发现用砾石摔破后产生的锐缘来砍砸和切割东西比较省力，从而受到启示，便开始打击石头，使之破碎，以制造出适用的工具。就世界范围看，人类开始制造工具大约是在300万年前。坦桑尼亚奥杜韦峡谷发现的最早石制工具，大约距今200万年左右，其典型的石器是用砾石打制的砍砸器。

在旧石器时代制作石器最原始的办法，是把一块石头加以敲击或碰击使之形成刃口，即成石器。打制切割用的带有薄刃的石器，则有一定的方法。比如先从石块上打下所需要的石片，再把打下的石片加以修整而成石器。初期，石器是用石锤敲击修整的，边缘不太平齐。到了中期，使用木棒或骨棒修整，边缘比较平整。后期，修整技术进一步提高，创造了压制法。压制的工具主要是骨、角或硬木。

到新石器时代，石器制造技术有了很大进步。首先，对石料的

钺

寻觅历史的踪迹

选择、切割、磨制、钻孔、雕刻等工序已有一定要求。石料选定后，先打制成石器的雏形，然后把刃部或整个表面放在砺石上加水和沙子磨光。这就成了磨制石器。穿孔技术的发明是石器制作技术上的重要成就，可分为钻穿、管穿和琢穿三种。钻穿是用一端削尖的坚硬木棒，或在木棒一端装上石制的钻头，在要穿孔的地方先加些潮湿的沙子，再用手掌或弓弦来转动木棒进行钻孔。管穿是用削尖了边缘的细竹管来穿孔，具体方法与钻穿相同。琢孔就是用敲琢器在大件石器上直接琢成大孔。穿孔的目的在于制成复合工具，使石制的工具能比较牢固地捆缚在木柄上，便于使用和携带，以提高劳动效率。新石器时代的石器种类大大增多。早期遗址中大量出土的农业、手工业和渔猎工具有斧、锛、铲、凿、镞、矛头、磨盘、网坠等，稍后增加了犁、刀、锄、镰等。总之，原始社会时期生产工具的改进，增强了人们向自然界作斗争的能力。

◆ 旧石器时代

旧石器时代是以使用打制石器为标志的人类文化发展阶段。地质时代属于上新世晚期更新世，从距今约250万年前开始，延续到距今1万年左右。旧石器时代分为早期、中期和晚期，分别相当于人类体质进化的能人和直立人阶段、早期智人阶段、晚期智人阶段。在中国已发现许多旧石器时代的遗址。距今100万年前的旧石器文化有西侯度文化、元谋人石器、蓝田人文化、东谷坨文化；距今100万年以后的遗址更多，在北方以周口店北京人文化为代表，在南方以贵州黔西观音洞的观音洞文化为代表。中国旧石器时代中期文化以山西襄汾发现的丁村文化、山西阳高许家窑人文化为代表。进入旧石器时代晚期，遗址数量增多，文化遗物更加丰富，在华北、华南，都存在时代相近但技术传统不同的文化类型。在华北有萨拉乌苏遗址、峙峪文化、小南海遗址、山顶洞遗址；在东北有辽宁海城小孤山遗址、黑龙江哈尔滨阎

第三章　玉石陶瓷漆与金属类文物

沁水下川村

家岗遗址。在南方有四川汉源县富林遗址、四川铜梁县张二塘遗址，以及最初在贵州省兴义县猫猫洞遗址发现的猫猫洞文化类型。另外，还有宁夏灵武县的水洞沟文化、山西沁水的下川文化、河北阳原虎头梁遗址等。西藏、新疆和青海地区也发现一些属于这一时期或稍晚的旧石器文化。

欧洲旧石器时代的考古工作开展得早，发现遗址多。欧洲旧石器时代早期文化可分为两大系统，一是手斧文化系统，包括阿布维利文化和阿舍利文化；一是没有手斧的石片石器文化系统，如克拉克当文化。旧石器时代中期以莫斯特文化为代表，其主要特征是修理石核技术有了很大发展，典型器物是比较精致的刮削器和尖状器。旧石器时代晚期有奥瑞纳文化、梭鲁特文化和马格德林文化。这一时期的特点是石器主要用石叶制作，有端刮器、雕刻器和钝背刀等；骨角器很发达，出现了鱼叉、骨针、标枪、投矛器等新工具；还出现了装饰品和绘画、雕塑等艺术品。

115

寻觅历史的踪迹

细石器

西亚是欧亚非的接触地带，地理位置十分重要，早期人类可能正是通过西亚跨洲迁徙的。西亚的旧石器时代早期文化以砾石砍斫器和手斧为主要特征。有类似奥杜韦文化的类型和阿舍利文化。中期以石片石器文化为主要特征，广泛使用勒瓦娄哇技术，称为勒瓦娄哇－莫斯特文化，与欧洲莫斯特文化接近。晚期遗存主要是石叶文化，与欧洲的奥瑞纳文化和格拉韦特文化比较相似，最后出现了细石器。

非洲旧石器时代在世界上占有重要地位。不仅发现了迄今为止年代最早的人类化石和石器文化，而且是世界上已知的人类各发展阶段没有缺环、年代前后相继的地区。迄今所知最早的石器发现于东非肯尼亚的科比福拉，以及埃塞俄比亚的奥莫和哈达尔地区，年代距今约250～200万年。旧石器时代早期在非洲存在两大石器文化传统：奥杜韦文化和阿舍利文化。旧石器时代中期，北非有莫斯特文化和阿替林文化；撒哈拉以南地区，有中非的石核斧类型文化，如山果文化和卢本巴文化，南非的彼得斯堡文化、奥兰治文化、斯蒂尔贝文化和班巴塔文化。旧石器时代晚期，北非有与欧洲石叶文化相似的代拜文化，撒哈拉以南地区则有奇托利文化等。

◆ 新石器时代

新石器时代在考古学上是石器时代的最后一个阶段。以使用磨制石器为标志的人类物质文化发展阶

第三章 玉石陶瓷漆与金属类文物

段。这一名称是英国考古学家卢伯克于1865年提出的。这个时代在地质年代上已进入全新世。年代大约从1万年前开始，结束时间从距今5000多年至2000多年不等。一般认为新石器时代有三个基本特征：一是开始制造和使用磨制石器；二是发明了陶器；三是出现了农业和养畜业。有的学者强调农业是新石器时代的主要特征。

中国大约在前1万年就已进入新石器时代，分为三大经济文化区：一是旱地农业经济文化区，包括黄河中下游、辽河和海河流域等地，是粟、黍等旱作农业起源地，饲养猪、狗、牛、羊；二是水田农业经济文化区，主要为长江中下游，渔猎采集经济占重要地位，是稻作农业的重要起源地，饲养猪、狗、水牛和羊；三是狩猎采集经济文化区，包括长城以北的东北大部、内蒙古及新疆和青藏高原等地，细石器特别发达而很少磨制石器，陶器不发达。中国新石器文化早期约在公元前10000—前7000年，以华南的洞穴遗址和贝丘遗址为主，有少量磨制石器和陶器。中期约在公元前7000—前5000年，以华北的磁山文化、华中的彭头山文化为代表，磁山文化已种植粟、黍，养猪；彭头山文化已栽植水稻，养猪和水牛，陶器比较发达。晚期约在公元前5000—前3500年，华北主要是仰韶文化和大汶口文化，有较大的聚落，如半坡文化、姜寨遗址，有发达的彩陶；华中主要是河姆渡文化、大溪文化。河姆渡文化有极为丰富的稻谷遗存和骨耜，大溪文化的稻作农业已有很大发展。铜石并用时代约在前3500—前2000年，华北主要是山东龙山文化、河南龙山文化，华中主要是良渚文化、石家河文化。已普遍出现小件铜器，开始用白灰和土坯抹地、筑墙，陶器普遍采用轮制，出现大量的精美玉器，石器中钺、镞等武器明显增加。墓葬出现两极分化，预示着文明社会行将来临。

日本是世界上陶器出现最早的地区，蒙古和西伯利亚也有个别遗

寻觅历史的踪迹

址的陶器年代接近1万年。但这个地区的磨制石器一直不发达，农业出现的年代也很晚，与西亚情况正好相反。日本陶器多绳纹，故日本的新石器时代又称绳纹时代。朝鲜的新石器文化因受中国东北新石器文化的影响，在公元前4000多年就已发展起旱地农业，种植粟和黍。蒙古东部地区在公元前3000年—前2000年已种黍，并饲养牛羊等家畜。

中亚大约在公元前6000—前5000年进入新石器时代，其代表有哲通文化。该文化分布于土库曼斯坦境内。同时也出现磨制石斧和磨谷器，已种植小麦和大麦，饲养山羊。陶器均为手制，胎中多掺草末。中亚北部的新石器文化年代较晚，其代表为克尔捷米纳尔文化，年代约为公元前4000年—前2000年，以渔猎和采集为主，陶器多饰刻划或戳印纹，彩陶极少。南亚次大陆的新石器文化大约开始于公元前6000年左右，分布在俾路支和印度河流域一带。居民种植小麦、大麦，饲养绵羊、山羊和牛。大约到公元前4500年左右才出现陶器。公元前3500年左右进入铜石并用时代。

一般来说，西亚、北非和欧洲西亚的新石器时代发展较早，考古研究也较深入。这里是农业起源最早的地区，以后又最早出现金属器，最早进入文明时代。西亚最早进入新石器时代的是今以色列、巴勒斯坦、黎巴嫩、叙利亚、土耳其和扎格罗斯山山前地区，即所谓农业起源的新月形地带。大约在公元前9000—前8000年，便进入原始新石器时期，有了农业和养畜业的萌芽。公元前8000—前7000年，进入前陶新石器或无陶新石器时期，已种植小麦、大麦、扁豆和豌豆等，开始饲养绵羊和山羊。这个时期的典型遗址耶利哥遗址。大约在公元前7000—前6000年，西亚进入有陶新石器或发达的新石器时期。公元前6000—前5000年，这里的遗址有了铜器，进入铜石并用时代。西亚的新石器文化在发展中对周围地区产生过明显影响，一是向北非尼罗河流域传播，一是向欧洲东南部扩展。

118

第三章　玉石陶瓷漆与金属类文物

彩陶文化

北非的新石器文化分为三大系统：撒哈拉新石器文化、地中海新石器文化和卡普萨传统的新石器文化。在欧洲的希腊本土、克里特岛以至黑海北岸的克里米亚等地存在过前陶新石器文化。陶器出现后，欧洲南部主要有印纹陶文化，而多瑙河流域则为线纹陶文化，这些地区在进入铜石并用时代后出现了彩陶文化。而东欧较北地区在新石器时代流行小窝篦纹陶文化等。

古老的陶器

陶器是用泥巴（粘土）成型晾干后，用火烧出来的器物。早在原始社会，祖先处处离不开粘土，他们发现被水浸湿后的粘土有粘性和可塑性，晒干后变得坚硬起来。对于火的利用和认识历史也是非常久

寻觅历史的踪迹

远的,大约在205万年至70万年前的元谋人时代,就开始用火了。先民们在漫长的原始生活中,发现晒干的泥巴被火烧之后,变得更加结实、坚硬,而且可以防水,于是陶器随之产生。陶器的发明是人类第一次利用天然物,按照自己的意志创造出来的一种崭新的东西。陶器的发明揭开了人类利用自然、改造自然、与自然做斗争的新的一页,具有重大的历史意义。但陶器是文明初级阶段的低级产品,它本身存在着一定的缺陷。

从河北阳原县泥河湾地区发现的旧石器时代晚期的陶片来看,中国陶器的产生距今已有11700多年的历史。从目前所知的考古材料来看,陶器中的精品有旧石器时代晚期距今1万多年的灰陶、有8000多年前的磁山文化的红陶、有7000多年的仰韶文化的彩陶、有6000多年的大汶口的"蛋壳黑陶"、有4000多年的商代白陶、有3000多年的西周硬陶,还有秦代的兵马俑、汉代的釉陶、唐代的唐三彩等。宋代时,由于瓷器的迅猛发展,制陶业趋于没落,但特殊的陶器品种仍然具有独特的魅力,如宋、辽三彩器,明清紫砂壶、琉璃、法花器,广东石湾陶塑等。下面我们就来介绍有关彩陶、蛋壳黑陶、白陶、唐三彩等知识。

（1）彩　陶

彩陶是指在打磨光滑的橙红色陶坯上,以天然的矿物质颜料进行描绘,用赭石和氧化锰作呈色元素,然后入窑烧制。在橙红色的胎地上呈现出赭红、黑、白、诸种颜色的美丽图案的陶器。彩陶源于距

彩　陶

第三章　玉石陶瓷漆与金属类文物

今约10000前的新石器时代。公元前5000年西安半坡村的仰韶文化遗址中发现了很多精美的彩陶。彩陶的器型有盆、瓶、罐、瓮、釜、鼎等。彩陶文化从距今8000年到距今3000年左右，绵延5000多年，跨越老官台、仰韶、马家窑、大汶口、屈家岭、大溪、红山、齐家等文化，在世界彩陶历史中艺术成就最高。彩陶最早于1912年在河南渑池仰韶村新石器时代文化遗址中发现。

（2）蛋壳黑陶

蛋壳黑陶是山东龙山文化特有的标志性陶器，是我国古代制陶艺术的巅峰之作。这类器物超薄的器壁如同蛋壳一般，因此有"蛋壳黑陶"美誉。龙山文化制作蛋壳黑陶使用的陶泥全部是经过了反复淘洗的细泥，陶胎内不见任何杂质，质地细密坚硬。龙山文化的蛋壳黑陶器皿不以色彩、纹饰为重，以造型和工艺见长。蛋壳黑陶高柄杯"黑如漆，亮如镜，薄如纸，硬如瓷"，是由大汶口文化晚期的黑陶高柄杯发展而来，多在墓中发现，出自较大型的墓葬。蛋壳黑陶高柄杯的造型一般都是头重脚轻，器壁超薄易碎，是龙山文化时期富贵人家享用的随葬礼器。蛋壳黑陶杯的器形分为三部分，上面是一个敞口侈沿深腹的小杯；中间是透雕中空的柄腹，如倒置的花蕾；下面是覆盆状底座，由一根细长管连成统一的整体，形态秀致。

（3）白　陶

白陶是表里和胎质都呈白色的一种素胎陶器，用瓷土和高岭土为制陶原料，烧成温度在1000度左

白　陶

寻觅历史的踪迹

右。白陶基本上都是手制，器型有鬶、盉、爵、豆、钵、罍、壶、卣、觯等。白陶器在河南豫西的龙山文化晚期和二里头文化早期遗址中皆有发现。商代晚期是白陶器高度发展时期，在河南、河北、山西和山东等地的商代后期遗址与墓葬中多有发现，其中以河南安阳殷墟出土数量最多，胎质纯净洁白而细腻，器表多刻有饕餮纹、夔纹、云雷纹和曲折纹等精美图案，是仿制同期青铜礼器的一种极珍贵的工艺品。到了西周白陶器不再烧造。

（4）唐三彩

唐三彩是一种低温釉陶器，在色釉中加入不同的金属氧化物，经过焙烧，便形成浅黄、赭黄、浅绿、深绿、天蓝、褐红、茄紫等多种色彩，但多以黄、褐、绿三色为主。唐三彩在色彩的相互辉映中，显出堂皇富丽的艺术魅力。唐三彩用于随葬，做为明器。唐三彩是唐代陶器中的精华，在初唐、盛唐时达到高峰。安史之乱以后，随着唐王朝的逐步衰弱，由于瓷器的迅速发展，三彩器逐步衰退。后来产生了"辽三彩""金三彩"，但在数量、质量、艺术性方面，都远不及唐三彩。

文物百花园

著名的彩陶文化

（1）仰韶彩陶

仰韶文化距今约7000年左右，是我国新石器时代彩陶最繁华的时期。位于黄河中游地区，以黄土高原为中心，遍及河南、山西、陕西、甘肃、河北、宁夏等地。仰韶制陶工艺相当成熟，器物规整精美，多为细泥红陶和夹砂红陶。装饰以彩绘为主，另外有磨光、拍印等装饰手

第三章 玉石陶瓷漆与金属类文物

法。造型有杯、钵、碗、盆、罐、瓮、盂、瓶、甑、釜、灶、鼎、器盖和器座等，最突出的是双耳尖底瓶。仰韶彩陶有半坡彩陶、庙底沟彩陶。半坡彩陶最早发现于西安半坡，距今七千年。半坡彩陶有汲水尖底瓶、葫芦、长颈瓶、盆类、罐类。半坡彩陶早期纹饰，多为散点式构图，形象可爱。纹饰形象主要有奔跑的鹿、鱼纹、人面纹、蛙纹、

马家窑彩陶

鸟纹、猪纹、折线纹、三角纹、网纹等。庙底沟彩陶主要有盆、碗、罐等。早期和中期也有类似半坡的葫芦形瓶。庙底沟彩陶点、线、面搭配得当，曲面之间穿插活泼的点和线，使纹样节奏鲜明，韵律感很强。

（2）马家窑彩陶

马家窑文化制陶业非常发达，继承了仰韶文化庙底沟类型爽朗的风格，但表现更为精细。陶器大多以泥条盘筑法成型，陶质呈橙黄色，器表打磨得非常细腻。马家窑文化的彩陶，早期以纯黑彩绘花纹为主；中期使用纯黑彩和黑、红相间绘制花纹；晚期多以黑、红并用绘制花纹。马家窑彩陶分为半山彩陶、马厂彩陶。半山类型的彩陶，多为罐、壶；造型饱满近似球，足内收，腹近直线，装饰集中于上半部。马厂类型彩陶1924年秋发现于青海民和马厂塬，主要分布于青海、甘肃等地，器形基本沿袭半山类型的造型，但较半山彩陶高耸、秀美。年代约为公元前2350—前2050年。纹饰有同心圆纹、菱形纹、人形蛙纹、平行线纹、回纹、钩连纹等。

寻觅历史的踪迹

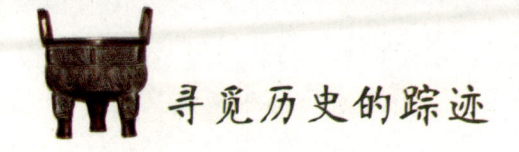

精美的瓷器

瓷器是一种由瓷石、高岭土等组成，外表施有釉或彩绘的物器。中国是瓷器的故乡，瓷器的发明是中华民族对世界文明的伟大贡献。瓷器脱胎于陶器，它的发明是古代汉族先民在烧制白陶器和印纹硬陶器的经验中，逐步探索出来的。烧制瓷器须具备三个条件：一是制瓷原料必须是富含石英和绢云母等矿物质的瓷石、瓷土或高岭土；二是烧成温度须在1200℃以上；三是在器表施有高温下烧成的釉面。公元前16世纪商代中期，中国就出现早期瓷器，称为"原始瓷"。原始瓷与各种陶器相比，具有胎质致密、经久耐用、便于清洗、外观华美等特点，因此发为后来瓷器逐渐取代陶器奠定了基础。至宋代时，名瓷名窑遍及大半个中国，是瓷业最为繁荣的时期。当时的汝窑、官窑、哥窑、钧窑和定窑并称为宋代五大名窑。后来江西景德镇在元代出产的青花瓷成为瓷器的代表，成为景德镇的传统名瓷之冠。与青花瓷并称四大名瓷的还有青花玲珑瓷、粉彩瓷和颜色釉瓷。另外还有雕塑瓷、薄胎瓷、五彩胎瓷等。下面我们就来简单说一说中国瓷器的发展简史。

早在3000多年前的商代，我国已出现原始青瓷。东汉时期摆脱了原始瓷器状态，烧制出成熟的青瓷器。经过三国、两晋、南北朝和隋代共330多年的发展，到了唐朝，制瓷业得到大发展，出现了北方邢窑白瓷，南方越窑青瓷，形成"北白南青"两大窑系。唐代还烧制出雪花釉、纹胎釉、釉下彩瓷及贴花装饰。

宋代是我国瓷器空前发展的时

第三章　玉石陶瓷漆与金属类文物

期，瓷窑遍及南北各地，名窑迭出，除青、白两大瓷系外，黑釉、青白釉和彩绘瓷纷纷兴起。出现了举世闻名的汝、官、哥、定、钧五大名窑，以及耀州窑、湖田窑、龙泉窑、建窑、吉州窑、磁州窑，是我国陶瓷发展史上的第一个高峰。元代在景德镇设"浮梁瓷局"统理窑务，发明了瓷石加高岭土的配方，烧制出大型瓷器，成功烧制出典型的元青花、釉里红及枢府瓷，尤其是元青花烧制成功，在中国陶瓷史上具有划时代的意义。元代龙泉窑的梅子青瓷是元代上乘之作。还有"金丝铁线"的元哥瓷，也是旷世希珍。

明代从洪武35年开始在景德镇设立"御窑厂"，烧制出永宣的青花和铜红釉、成化的斗彩、万历五彩等。景德镇的青花、白瓷、彩瓷、单色釉等品种，繁花似锦，五彩缤纷，成为全国制瓷中心。还有福建的德化白瓷也十分精美。清朝康、雍、乾三代，瓷器达到历史最高水平，是中国陶瓷发展史上的第

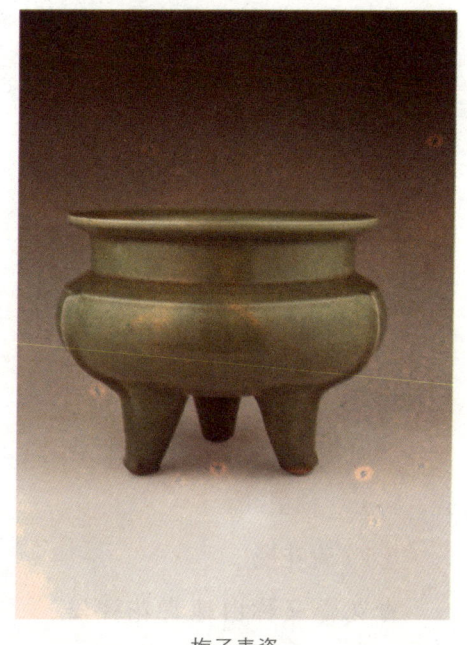

梅子青瓷

二个高峰。康熙时烧制出色泽鲜明、浓淡相间的青花。郎窑恢复了失传200多年的高温铜红釉的烧制技术，郎窑红、缸豆红独步一时。还有天兰、洒兰、豆青、娇黄、仿定、孔雀绿、紫金釉、珐琅彩瓷等。雍正朝制瓷工艺达到了登峰造极的地步，雍正粉彩非常精致，成为与"国瓷"青花相媲美的新品种。乾隆朝的单色釉、青花、釉里红、珐琅彩、粉彩等都有极其精致的产品。嘉庆以后瓷艺急转直下，

寻觅历史的踪迹

尤其是道光时期的鸦片战争，使中国沦为半殖民地半封建社会，制瓷业一落千丈。1911年辛亥革命的爆发，清王朝寿终正寝。长达数千年的中国古陶瓷发展史，至此落下帷幕。

◆青花瓷、粉彩与釉里红

下面我们来简单介绍一下青花瓷、粉彩、釉里红。

（1）青花瓷

青花瓷又称白地青花瓷器，是用含氧化钴的钴矿为原料，在陶瓷坯体上描绘纹饰，再罩上一层透明釉，经高温还原焰一次烧成。目前发现最早的青花瓷是唐代的；成熟的青花瓷器出现在元代；明代青花成为瓷器的主流；清康熙时青花瓷发展到顶峰。明清时期，还创烧了青花五彩、孔雀绿釉青花、豆青釉青花、青花红彩、黄地青花、哥釉青花。青花瓷的青料有苏麻离青、平等青、石子青、回青、浙青、珠明料、化学青料。根据青花瓷款识的形式、种类来看，青花瓷分为纪年款、吉言款、堂名款、赞颂款和纹饰款五类。在青花瓷上，用写、刻、印等方法标明瓷器烧造年代的款识，称为纪年款。纪年款又分帝王年号的年款和以天干地支表明年号的干支款两类。吉言款即书写含有吉祥寓意的词句，如"福寿康宁""长命富贵""万福攸同"等。堂名款即以典雅的堂名、人名书写在瓷器上，作为私家收藏的标志，如"浴砚书屋""若深珍藏""白玉斋"等。赞颂款即寄托了对瓷器的喜爱之情，如"玉石宝珍""今古珍玩""昌江美玉"等。纹饰款，又叫"花样款"，即以简练的图案装饰器底，为民间青花瓷的特色款识，图案有博古图、暗八仙、八吉祥等。

青花瓷从年代上还分为唐青花、宋青花、元青花、明清青花。其中唐青花处于青花瓷的滥觞期。其青料发色浓艳，带结晶斑，胎质多粗松，呈米灰色，烧结度较差。底釉白中泛黄，釉质较粗。器型以小件为主，有碗、罐、盖等。花草

第三章　玉石陶瓷漆与金属类文物

纹分两类，一类是中国传统花草，以石竹花、梅花等小花朵多见；一类是在菱形等几何图形中夹以散叶纹，为典型的阿拉伯图案纹饰。宋青花能见到的只有从两处塔基遗址出土的十余片瓷片。一是1957年发掘于浙江省龙泉县的金沙塔塔基，共出土13片青花碗残片。一处是1970年在浙江省绍兴市环翠塔的塔基，出土了一片青花碗腹部的残片。宋青花胎质有的较粗，有的较细。纹饰有菊花纹、圆圈纹、弦纹、线纹等。成熟的青花瓷出现在元代的景德镇。元青花造型厚实饱满，胎色略带灰、黄，胎质疏松。底釉分青白和卵白两种，乳浊感强。器型主要有日用器、供器、镇墓器等类，以竹节高足杯、带座器、镇墓器最具时代特色。除玉壶春底足荡釉外，其它器物底多砂底无釉，见火石红。元青花纹饰最大特点是构图丰满，纹饰题材有人物、动物、植物、诗文等。人物有高士图（四爱图）、历史人物；动物有龙凤、麒麟、鸳鸯、游鱼；植物有牡丹、莲花、兰花、松竹梅、灵芝、花叶、瓜果等；诗文极少见。

明永乐、宣德时期是青花瓷器发展的高峰，以制作精美著称；

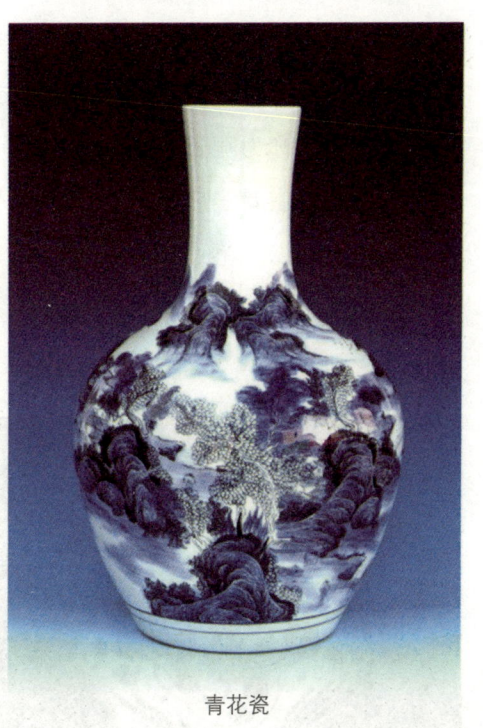

青花瓷

清康熙时以"五彩青花"使青花瓷发展到巅峰。明初青花器有大小盘、碗、梅瓶、玉壶春瓶等，器物底足多平切、砂底无釉见窑红。明永乐、宣德的青花瓷器所用青料，以苏泥勃青为主，多见"铁锈斑

寻觅历史的踪迹

痕"。器型有盘、碗、壶、罐、杯等,尤其是出现了僧帽壶、绶带扁壶、花浇等非汉文化的器型。纹饰多见各种缠枝或折枝花果、龙凤、海水、海怪、游鱼等。胎质较以前细腻致密。釉质肥润,多见橘皮纹。正统、景泰、天顺三朝,瓷器数量较少,被称为陶瓷史上的"空白期"。器型主要是瓶、罐、碗、杯、盘。纹饰以一笔点划为主,有人物、花卉、龙凤、孔雀等。人物的背景多画大片云气纹。成化、弘治、正德三朝青花。纹饰布局前期疏朗,后期繁密,多画三果、三友、九秋、高士、婴戏、龙穿花等。器型有罐、梅瓶、洗、盏托、盘、杯、碗等,炉为三乳足筒式或鼓形炉。款识除"天"字罐外,还有"大明成化年制"六字单、双行款;图记款主要有方胜、银锭等。明嘉靖、隆庆、万历三朝青花,道教色彩的纹饰大量增加,如云鹤、八仙、八卦、道家八宝等。花组字为独具特色的纹饰。此外还有婴戏、高士、鱼藻图等。明末天启、崇祯青花有各种图记款、堂名款、吉语款、颂语款,生活气息较重。胎体厚重、胎质粗松、器形不规整、器底粘砂、塌底、跳刀痕。

清顺治青花的主要特点有:器型较少,主要有炉、觚、瓶、大小盘、碗、罐等。胎体较粗糙,大器如炉、大盘、觚等胎体厚重,小器如小盘、碗等胎体较轻薄。底釉多白中闪青,釉层稀薄。纹饰多见花鸟、山水、

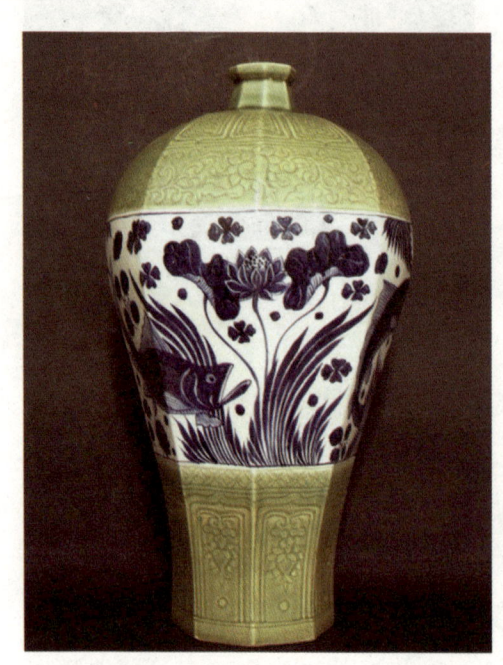

青花瓷鱼藻图

第三章 玉石陶瓷漆与金属类文物

洞石、秋草、江上小舟、怪兽、瑞兽、芭蕉、云气等。大盘喜欢在口沿处画一青花线圈,再在圈内画主体纹饰;小盘多在盘面一侧画一片梧桐叶,另一侧书"梧桐一叶落,天下尽皆秋"等相近的诗句。康熙青花纹饰有山水人物、龙凤花鸟、鱼虫走兽、诗文、博古等,其中最具时代特点的是冰梅、耕织图、刀马人、双犄牡丹等。器型除日用器外,观赏瓷大量增多,典型器有盖罐、凤尾尊、花觚、象腿瓶、笔筒等。雍正、乾隆青花器多仿明永乐、宣德的苏麻离青。仿明器物除了从胎、釉、青料等方面区别外,器型也是重要的区别点:明器的胎接口是上下接,清器是前后接。雍正时较多见的有杂宝款、四朵花款、动物形款等,乾隆时堂名款较雍正多,年款多篆书,也有四朵花款。嘉庆后青花瓷逐渐走下坡路。工艺粗糙,造型厚重笨拙,釉稀薄而发灰、泛青。

(2) 粉 彩

粉彩也叫"软彩",是釉上彩的一个品种。所谓釉上彩,就是在烧好的素器釉面上进行彩绘,再入窑经600℃~900℃温度烘烤而成。我国传统的釉上彩,到了清代康熙五十二年(1713年),官窑匠师在珐琅彩的启发和影响下,引进了铜胎珐琅不透明的白色彩料,在工艺上借鉴了珐琅彩的多色阶的配制技法,创造出了"粉彩"釉上彩新品种。这种白色彩料,俗称"玻璃白"。由于玻璃白和五彩彩料的融合,使各种彩色产生了"粉化"。红彩变成粉红,绿彩变成淡绿,黄彩变成浅黄,其他颜色也都变成不透明的浅色调,给人粉润柔和之感,因此这种釉上彩,称为"粉彩"。在风格上,粉彩的布局和笔法,都具有传统的中国画的特征。清雍正朝,粉彩进入盛期,粉彩的绘画技法多样,有平涂、渲染、没骨、洗、皴点等,工笔、写意俱全,富有中国画的笔韵。所绘纹饰以花鸟虫草为主。人物故事画多为室内景观,人物线条柔和,仕女体态修长面目娇美。雍正粉彩的造型

寻觅历史的踪迹

釉里红

极为丰富，无论是餐具、文具，还是陈设都很优美。

（3）釉里红

釉里红瓷器釉下彩装饰手法之一，创烧于元代。主要使用釉里红装饰手法的瓷器也常简称为釉里红。釉里红是元代景德镇窑创烧的一种瓷器釉下彩装饰。釉里红即釉下的红色，以氧化铜在瓷坯上着彩，然后施透明釉，1300℃还原焰烧成。釉里红分为釉里红线绘、釉里红拔白、釉里红涂绘。其中，釉里红线绘，即在瓷胎上用线条描绘各种不同的图案花纹，是釉里红最主要的装饰手法。釉里红拔白，即在白胎上留出所需之图案花纹部位，或在该部位上刻划出图案花纹，用铜红料涂抹其他空余之地，烧成后图案花纹即在周围红色之中以胎釉本色显现出来。釉里红涂绘，即以铜红料成片、成块地涂绘成一定的图案花纹。

文物百花园

毛 瓷

毛瓷，是指一代伟人毛泽东用过的瓷器，是在新中国成立之后出现的瓷品，因毛主席的使用而名声大噪。1974年，湖南省醴陵群力瓷厂接到上级一个秘密指令，要求研制出一种精美的小碗。具体要求是：釉下五彩，内外双面有花；重量轻而结实耐用；保温效果好；无铅毒，不含镉，确保用者健康；永不褪色。群力瓷厂多次试制，最终设计出"芙

第三章　玉石陶瓷漆与金属类文物

毛　瓷

蓉""月季""菊花"和"梅花"代表四季的图案，釉下彩双面有花。毛瓷一直鲜为人知，直到1997年，南方举行的一次拍卖会上毛瓷才首次公开亮相。"毛瓷"被誉为"20世纪最荣耀的中国名瓷"，存世特别稀少，以官藏为主。据了解，"毛瓷"绝大部分收藏于韶山毛泽东同志纪念馆、中国革命博物馆、中南海丰泽园等处，流落于民间的不足200件。

◆景德镇名瓷

　　景德镇坐落在黄山、怀玉山余脉与鄱阳湖平原过渡地带，是中外著名的瓷都，与佛山、汉口、朱仙镇并称四大名镇。景德镇从汉朝开始烧制陶器，距今1800多年；从东晋开始烧制瓷器，距今1600多年。景德镇素有"瓷都"之称。景德镇瓷器造型优美、品种繁多、装饰丰富、风格独特，以"白如玉，明如镜，薄如纸，声如磬"的独特风格蜚声海内外。青花、玲珑、粉彩、色釉，合称景德镇四大传统名瓷。另外还有薄胎瓷、雕塑瓷。接下来我们就来介绍景德镇名瓷。

　　（1）景德镇青花玲珑瓷

　　景德镇青花玲珑瓷是明永乐年间在镂空工艺的基础创造和发展起

来的，已有500多年的历史。瓷工用刀片在坯胎上镂成点点米粒状，被人们称为"米通"，又叫玲珑眼，再填入玲珑釉料，并配上青花装饰，入窑烧制而成。显得灵巧、明彻、透剔，特别高雅秀洁。

（2）景德镇青花瓷

景德镇青花瓷，被称为"人间瑰宝"。始创于元代，到明、清两代为高峰。它用氧化钴料在坯胎上描绘纹样，施釉后高温一次烧成。

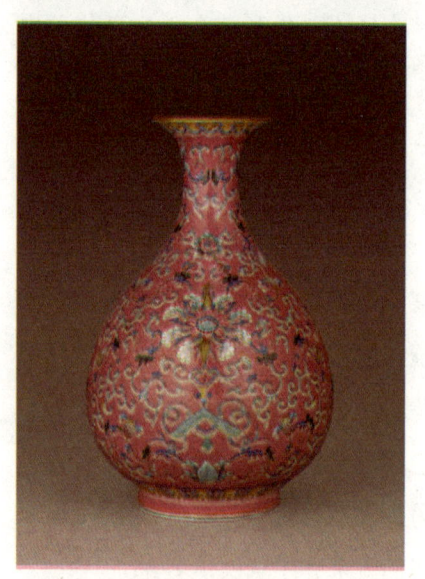

景德镇粉彩瓷

它蓝白相映，怡然成趣，晶莹明快，美观隽久。白釉青花一大成，花从釉里透分明，使人赏心悦目。明人航海家郑和七下西洋，每次都带去大批青花瓷，不少珍品现被收藏在英、美等国博物馆。

（3）景德镇粉彩瓷

粉彩亦称软彩，是瓷器的釉上装饰，清康熙晚期开始，到雍正、乾隆年代，日臻完善。其制法是先在白胎瓷器上勾出图案轮廓，再堆填色料，在摄氏七百多度的温度下烧煅而成，颜色柔和，画工细腻工整，既有国画风味，又有浮雕感，画面充满着浓郁的民族特色。有以中国历史故事和神话为主的人物，有秀丽多彩的山水，有栩栩如生的鸟翎毛，有工整对称的几何图案等。

（4）景德镇颜色釉瓷

在釉料里加上某种氧化金属，经过焙烧以后，就会显现出某种固有的色泽，这就是颜色釉，影响色釉成色的主要是起着色剂作用的金属氧化物，此外还与釉料的组成，料度大小，烧制温度以及烧制气氛有着密切的关系。人们说"自然界

第三章　玉石陶瓷漆与金属类文物

有什么颜色,就可以烧制出什么颜色的瓷器"。如果参观一下景德镇的颜色釉瓷,就会相信此话不假。当然,有许多颜色釉的配料和烧制是十分困难的,如"祭红釉",有千窑一宝之说。

(5)景德镇薄胎瓷

薄胎瓷,薄如蝉翼,轻如绸纱,是一种轻巧秀丽,薄如蛋壳的细白瓷。薄胎瓷的制作要求极高,特别是修坯,最艰难也最关键,全靠娴熟的技巧,经过百余次的反复,将二三毫米厚的粗坯修到蛋壳那么薄,在关键时刻,少一刀嫌厚,多一刀则坯破功败,稍不留神,一个喘息就会导致前功尽弃。这样的泥坯还须经受摄氏一千三百多度的高温焙烧的考验,不裂碎,不变形,所以人们称薄胎瓷为神奇珍品。

(6)景德镇雕塑瓷

景德镇瓷雕制作可追溯到1400多年前,远在隋代就有"狮""象"大兽的制作。当代的景德镇,瓷雕工艺精湛,工艺种类齐全,有圆雕、捏雕、镂雕、浮雕

景德镇薄胎瓷

等;产品多样,有佛像尊神、花草鱼虫、亭台楼阁、动物玩具等;造型优美、形神兼备、千姿百态、栩栩如生;装饰丰富,有高温色釉、釉下五彩等;艺术表现力强,有的庄重浑厚,有的典雅清新,有的富丽堂煌,鲜艳夺目。

寻觅历史的踪迹

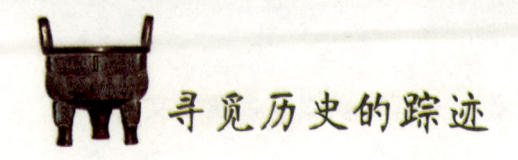

悠久的漆器

用漆涂在各种器物的表面上所制成的日常器具及工艺品、美术品等，称为"漆器"。生漆是从漆树割取的天然液汁，主要由漆酚、漆酶、树胶质及水分构成。用它作涂料，有耐潮、耐高温、耐腐蚀等特殊功能，又可以配制出不同色漆，光彩照人。在中国，从新石器时代起就认识了漆的性能并用以制器。历经商周直至明清，中国的漆器工艺不断发展，达到了相当高的水平。漆器是中国古代在化学工艺及工艺美术方面的重要发明。在中国，用漆的历史已有近万年之久。大约在七千多年以前，我们的祖先就已能制造漆器。1978年在浙江余姚河姆渡文化遗址中发现了朱漆木碗和朱漆筒，经分析，其涂料为天然漆。中国的少数民族也善于制作漆器，如彝族、傣族、高山族制成高脚盘、木勺、酒具、皮甲、皮盾、弓箭壶、马鞍等，一般用黄、红、黑等几种色漆，描绘几何图案，色彩对比强烈，风格粗犷。中国漆器不仅在中华大地上创造出灿烂的漆器文明，而且流传至世界各地，促进了世界漆器艺术的发展。

在亚洲，中国漆器流传至朝鲜、日本。1913年，在朝鲜平壤古代乐浪郡遗址出土了许多中国汉代漆器，如彩绘神仙龙虎盘等。唐代，大量漆器以及夹纻造像、金银平脱、螺钿等髹饰技法流传日本。奈良正仓院藏有金平脱花鸟纹八角镜、盒、古琴等唐代漆器。奈良唐招提寺的脱胎漆器塑像"鉴真坐像"，高84厘米，是鉴真的弟子在宝应二年（763年）五月鉴真圆寂时制作的。宋代，浙江杭州、温州雕漆经由明州（今宁波）流传至日

第三章 玉石陶瓷漆与金属类文物

本，镰仓时代日本匠师模仿生产，称为镰仓雕。元代浙江嘉兴张成等名匠的剔红漆器也经由庆元（今宁波）流传至日本。明代永乐二年（1404年）、永乐五年，中国使臣出访日本，携带剔红香盒、车轿、椅、脸盒架、碗等近100件漆器，日本宫廷匠师模仿生产。明末，居住长崎的中国剔红匠师欧阳云台的作品在日本很受欢迎，被誉为云台雕。

16世纪，荷兰、英国、法国商船将中国漆器运载到欧洲。清康熙三十七年（1698年），法国商船"安菲托里特"号抵达中国广州，在康熙三十九年返航，运去了中国漆器、瓷器、丝绸等。中国漆器在法国大受欢迎。17世纪末、18世纪初，英国和法国的商船又将中国漆器运至欧洲。流传到欧洲的漆器大多是屏风、家具以及花瓶、酒具、咖啡具等，有不少珍品现收藏于欧洲各国的博物馆内。中国漆器促使法国、丹麦、奥地利、英国等国的漆器在18世纪有了迅速发展，成为欧洲漆器历史上的黄金时代。

咖啡具

寻觅历史的踪迹

接下来，我们就来说一说中国漆器的简史。

夏代之后，漆器品种渐多。战国时期，漆器业独领风骚，形成长达五个世纪的空前繁荣。据记载，庄子年轻时曾经做过管理漆业的小官。战国时漆器生产规模已经很大。当时的漆器生产工序复杂，耗工耗时，品种繁多，不仅用于装饰

雕 漆

家具、器皿、文具和艺术品，而且用于乐器、丧葬用具、兵器等，一定程度上取代了青铜器。当时的漆器光亮洁净、易洗、体轻、隔热、耐腐、嵌饰彩绘，构成一个绮丽的彩色世界。在湖北曾侯乙墓出土的漆器有220多件。这些漆器是楚墓中年代最早也是最为精彩的，而且品类全，器型大，体现了楚文化的神韵。

汉代漆器以黑红为主色。作为漆器的鼎盛期，汉代漆器品种又增加了盒、盘、匣案、耳环、碟碗、筐、箱、尺、唾壶、面罩、棋盘、凳子、卮、几等，同时开创了新的工艺技法，如多彩、针刻、铜扣、贴金片、玳瑁片、镶嵌、堆漆等。汉代漆器图案根据不同的器物，以粗率简练的线条或繁缛复杂的构图表现，增强人或动物的动感与力度。黑红互置的色彩产生光亮、优美的特殊效果。

到了明清两代，中国漆器发展到了全盛时期。漆工艺与建筑、家具、陈设相结合，并由实用转向陈设装饰领域，进入了以斑斓、复饰、填嵌、纹间等技法为基本工艺的新时代。明代雕漆，初以浙江嘉兴的西塘张成、杨茂为榜样，由张成的儿子张德刚与包亮主持内廷果园厂官办漆作的生产。成化、弘治年间内廷雕漆，器胎变

第三章 玉石陶瓷漆与金属类文物

薄，花纹疏朗，标志西塘派雕漆已进入尾声。云南大理为另一雕漆产地。嘉靖年间，云南雕漆始进入内廷，取代西塘派，使内廷雕漆为之一变。其特点为刀不藏锋、棱不磨熟。

明末清初，雕漆艺术一度失传，至乾隆四年由雕竹名匠封歧刻样，苏州织造漆作仿制成功。扬州雕漆有螺钿、百宝嵌等品种，所制漆器花纹纤细且五彩缤纷。名工有王国琛、卢映之、夏漆工等，后者尤善制仿古剔红漆器。苏、扬两地漆作毁于清廷镇压太平天国革命之战中。福州漆器以脱胎见长，色泽华美，器体轻巧，由名工沈诏安用传统夹□法所创。

清代，除宫廷设有漆器工场外，民间漆器也普遍发展。福州以脱胎漆器为主，著名匠师有沈绍安。广东以描金漆器、螺钿漆器为主；阳江漆器多实用器物，以牛皮作胎，质轻、耐潮、防水、坚固耐用。北京以雕漆为主。贵州大方漆器以马皮作胎，彩色填漆，独具风格。江苏扬州卢映之及卢葵生、王国琛等继承了明代百宝嵌漆器的传统。四川漆器以研磨彩绘著名。清代漆器的髹饰技法也丰富多彩，有罩漆、描漆、描金、堆漆、雕填、脱胎、螺钿、百宝嵌、戗金、犀皮、雕漆、泥金等。

◆ 漆器的品种

漆器是古代日常生活中应用广泛的物品。由于漆有耐酸、耐碱、耐热、防腐等特性，因此很早就被人们利用。我国是世界上用漆最早的国家，原始社会晚期遗址中即发现漆制实物。在古代，种植漆树相当普遍，战国大哲学家庄子就曾担任过管理漆园的官职。早期漆器一般在简单木、竹胎上髹涂。随着漆工艺的发展，逐步出现在各种器物上彩绘、描金、戗金、填漆等，或在器胎上髹漆至一定厚度，再在上面雕刻图案的作法，还有的在漆器上镶嵌金、银、铜、螺钿、玉牙及宝石，以组成华丽的花纹。诸如唐代的金银平脱，宋代的一色漆器，

寻觅历史的踪迹

元代的雕漆，明代的百宝嵌，清代的脱胎漆器，都是各代有代表性的特色漆器名品。漆器的品种大致可分为14种，分别是：

一色漆器：即不加任何纹饰的漆器。

罩漆漆器：即在一色漆器或有纹饰的漆器上罩一层透明漆的漆器。

描漆漆器：即以漆、油调色描绘纹饰的漆器。

描金漆器：即用金色作装饰花纹的漆器。

堆漆漆器：即用稠漆或漆灰堆出花纹的漆器。

填漆漆器：即在漆器表面刻出阴文花纹，再填陷色漆，干后磨平的漆器。

戗金漆器：即在漆器表面勾划阴文花纹，并在花纹内填金的漆器。

雕填漆器：即采用填漆和戗金两种髹饰技法相结合的漆器。

螺钿漆器：即用经过研磨、裁切的贝壳薄片作为镶嵌纹饰的漆器。

雕漆：即在器物胎骨上多次涂漆，层层积累到相当厚度，再用刀在漆层上雕刻花纹的漆器，包括剔红、剔彩、剔犀等品种。

犀皮漆器：即在漆面做出高低不平的地子，上面逐层涂饰不同色漆，最后磨平，形成一圈圈的色漆层次的漆器。

百宝嵌漆器

第三章 玉石陶瓷漆与金属类文物

款彩漆器：即在漆面上刻花纹，花纹内填色漆或色油，填后花纹低陷，通称刻灰的漆器。

百宝嵌漆器：即以象牙、珊瑚、翡翠、玉石等多种珍贵材料在器物表面镶嵌成各种浮雕花纹的漆器。

脱胎漆器：即用生漆将丝绸、麻布等织物糊贴在泥土、木或石膏制成的内胎上，裱贴若干层后形成外胎；然后脱去内胎，取得中心空虚的外胎。再将外胎作为器物胎骨而制成的漆器。

文物大鳄"青铜器"

青铜器是指以青铜为基本原料加工而制成的器皿、用器等。青铜，古称金、吉金，是红铜与锡、镍、铅、磷的合金，其铜锈呈青绿色，因而得名。"青铜时代"是指大量使用青铜工具及青铜礼器的时期，主要从夏商周直至秦汉，这也是青铜器从发展、成熟乃至鼎盛的辉煌期。青铜器，简称"铜器"，包括炊器、食器、酒器、水器、乐器、车马饰、铜镜、带钩、兵器、工具、度量衡器等。青铜器以商周器物最精美。最初出现的是小型工具或饰物。夏代始有青铜容器和兵器。商中期出现了铭文和精细的花纹。商

铜 器

寻觅历史的踪迹

晚期至西周早期,是青铜器发展的鼎盛时期,器型多种多样,铭文逐渐加长,花纹富丽。春秋晚期至战国,由于铁器的推广,铜制工具越来越少。中国古代铜器,是我们祖先对人类物质文明的巨大贡献,就铜器的使用规模、铸造工艺、造型艺术及品种而言,世界上没有一个地方的铜器可与中国古代铜器相比。

青铜礼器十分发达是中国古代青铜文化区别于其他国家古代青铜文化的一个显著特点,也是中国古代青铜文化的本质特点。礼器的发达是由中国古代奴隶社会的"宗法血缘"关系决定的。夏代已出现青铜礼器。到了商代,特别是商代晚期青铜礼器已发展成熟,主要有食器、酒器、水器和乐器。鼎是青铜礼器中的主要食器,被当作统治阶级等级制度和权利的标志。据记载,西周时天子用九鼎,第一鼎是盛牛,称为太牢,以下为羊、豕、鱼、腊、肠胃、肤、鲜鱼、鲜腊;诸候一般用七鼎,也称大牢,减少鲜肉、鲜腊;卿大夫用五鼎,称少牢,是羊、豕、鱼、腊、肤;士用三鼎,是豕、鱼、腊。

中国古代的青铜文化十分发达,以制作精良,气魄雄伟、技术高超而著称于世。贵族把青铜器作为宴享和放在宗庙里祭祀祖先的礼器。青铜器作为一种权力和地位的象征、一种记事耀功的礼器而流传于世。我国古代青铜器种类繁多、形制多样,包括礼器、生产工具、兵器、车马器和其他用具。仅酒器类中又有爵、角、觯、斝、尊、壶、卣、方彝、觥、罍、盉、勺、

青铜鼎

第三章 玉石陶瓷漆与金属类文物

禁等器种。目前考古发现的时代最早的青铜鼎是河南偃师二里头遗址出土的商代早期青铜鼎。下面我们就来简单回顾下中国青铜器的历史。

夏代始有青铜容器和兵器。商代早期和中期的青铜器是青铜器发展时期。以酒器为主的礼器体制初步建立，兵器种类增多。普遍装饰兽面纹样，构图渐趋繁密。这一时期的青铜器在黄河、长江的中游地区多有发现。商代晚期至西周早期，是青铜艺术的辉煌时期。商代礼器的重酒体制臻于完善，满布器身的纹饰大量采用浮雕和平雕相结合的方法。周初礼器沿袭商制，出现了向重食体制转变的端倪。铸记长篇铭文是西周青铜礼器的重要特点。西周中晚期的青铜器形成重食的系统。列鼎制度、编钟制度、赐命作器已经形成。器形端庄厚重，纹饰多为动物变形，多有长篇铭文的重器。春秋早期的形制和纹饰是西周中晚期的自然延续。春秋中期至战国，青铜艺术再次出现高潮。列国青铜器趋向成熟，区域特征明显，北方晋秦、东方齐鲁、南方荆楚的青铜艺术交相辉映。器物的生活实用性加强，礼器的功用逐渐消失。以龙为主题的纹饰细密繁缛，人物活动的画像作为主纹出现。战国晚期，青铜艺术趋于朴素平实。秦、汉为青铜器发展史的余辉。

青铜器按功能分为：一是酒器，细分为爵（用于饮酌酒的器

青铜兵器

寻觅历史的踪迹

皿，是最早出现的青铜礼器。一般前有流，即倾酒的流槽，后有尖锐状尾，中部为杯形，下配三足）、角（无柱、流，两端皆是尾。目前发现最早的青铜角是二里头文化期的异形管流角）、尊（分为肩大口尊、觚形尊、鸟兽尊三类）、壶、卣、觥、彝（一般呈方型，出现于商代晚期）；二是食器，细分为豆（专用于放置腌菜、肉酱和调味品，出现于商代晚期，盛行于春秋战国）、鼎（有烹煮肉食、食牲祭祀、宴享等各种用途。目前发现最早的青铜鼎出现于商代早期，一直延用到两汉魏晋，是青铜器中使用时间最长、变化最多的器皿）、甗（分上下两部分，上体用以盛米，下体用以煮水，中间有孔通气）、簋（盛放煮熟的稻、粱等饭食的器具）、敦（盛放黍、稷、稻、粱等饭食的器皿）、鬲（为炊粥器）；三是水器，细分为盘、匜、鉴；四是乐器，细分为钟、鼓、铙、钲；五是兵器，细分为戈、矛、钺、戟、剑。

青铜器的纹饰主要有：夔纹，即表现传说中的一种近似龙的动物，多作为器物上的主纹；龙纹，有屈曲形态，几条龙相互盘绕，头在中间分出双身三种形式；蟠螭，形状象夔，张口，卷尾；鸟纹，多作为器物上的主题纹饰；蝉纹，大多数在三角形中作蝉体，无前后足，四周填以云雷纹；蚕纹，头圆，两眼突出，体屈曲状。多饰于器物的口部或足部；象纹，图案表现象的形态；鱼纹，图案表现为鱼的形态，常施于铜洗和铜镜上；龟纹，其状一般是刻画出龟的全形，多施于盘内；贝纹，形状作贝壳状；云雷纹，青铜器上的一种典型纹饰，基本特征是以连续的回旋形线条构成几何图形。云雷纹常作青铜器的地纹，用以烘托主题纹饰；勾连雷纹，由近似"T"形互相勾连的线条组成；乳钉纹，纹形为凸起的乳突排成单行或方阵。

著名的青铜器有司母戊方鼎、虎食人卣、双羊尊、大克鼎、毛公鼎、莲鹤方壶、双雄宝剑、勾践

第三章 玉石陶瓷漆与金属类文物

剑、长信宫灯、嵌绿松石卧鹿、铜车马等。下面我们就来介绍一些富有代表性的青铜文物。

（1）司母戊鼎

司母戊鼎又称司母戊大方鼎，是中国商代后期王室祭祀用的青铜方鼎，1939年3月19日在河南安阳市武官村一家的农地中出土，因腹部著有"司母戊"三字而得名。司母戊鼎高133厘米、口长110厘米、口宽79厘米、重832.84千克，鼎腹长方形，上竖两只直耳，下有四根圆柱形鼎足，是中国目前已发现的最重的青铜器。该鼎是商王祖庚或祖甲为祭祀其母所铸。

（2）四羊方尊

四羊方尊为商朝晚期青铜器，是中国现存商代青铜器中最大的方尊，高58.3厘米，重近34.5千克，1938年出土于湖南宁乡县黄村月山铺转耳仑的山腰上。四羊方尊器身方形，方口，大沿，长颈，高圈足。颈部高耸，四边上装饰有蕉叶纹、三角夔纹和兽面纹。尊四角各塑一羊。肩部四角是四个卷角羊头，羊头与羊颈伸出于器外，羊身与羊腿附着于尊腹部及圈足上。尊腹即为羊的前胸，羊腿则附于圈足上，承担着尊体的重量。四羊方尊集线雕、浮

四羊方尊

雕、圆雕于一体，被称为"臻于极致的青铜典范"。

寻觅历史的踪迹

(3) 鸮尊

尊为古代盛酒器。鸮，俗称猫头鹰，在古代是人们最喜爱和崇拜的神鸟。鸮尊1976年出土于河南安阳殷墟妇好墓，铸于商代后期。原器通高45.9厘米，外形从整体上看，为一昂首挺胸的猫头鹰。喙、胸部纹饰为蝉纹；鸮颈两侧为夔纹；翅两边各饰以蛇纹；尾上部有一展翅欲飞的鸮鸟，整个尊是平面的立体的完美结合。尊口内侧有铭文"妇好"二字。原物现存于中国国家博物馆。

久远的铁器

铁器是以铁矿石冶炼加工制成的器物。铁器的出现使人类历史产生了划时代的进步。在世界上最早进行人工炼铁的是居住在小亚细亚的赫梯人，年代约在公元前1400年左右。公元前1300—前1100年，冶铁术传入两河流域和古埃及，欧洲的部分地区于公元前1000年左右进入铁器时代。但直到1400年欧洲发明水力鼓风炉以后，才出现冶炼生铁。在人工炼铁以前，世界上许多文化发达较早的民族，都有过偶尔利用陨铁制器的历史。在古埃及前王朝墓中，发现过陨铁管状小珠；第11王朝墓中，曾出土

铁

第三章 玉石陶瓷漆与金属类文物

装以银柄的陨铁制护身符。在两河流域乌尔王墓也出土有陨铁碎片。美洲几个古文化中心都使用过陨铁制的箭头、小刀和工具。中国商代台西遗址和刘家河商墓中，也发现过刃部用陨铁锻制的铜钺。

根据早期铁器的金相检验，中国的块炼铁和生铁可能是同时产生的。春秋末期到战国初期，是战国冶铁史上的一个重要发展阶段。此时早期的块炼铁已提高到块炼渗碳钢，白口生铁已发展为展性铸铁。到西汉中叶，灰口铁、铸铁脱碳钢兴起，随后又出现生铁炒钢（包括熟铁）的新工艺。东汉时期，炒钢、百炼钢继续发展，到南北朝时杂炼生鍒的灌钢工艺问世。至此，具有中国特色的古代冶炼技术体系已基本建立。

齐国是最早发明冶铁术的国家和地区。齐地发现铁器主要有四批：一是临淄商王墓地三座墓中出土铁器103件，器类以生活用具为主，兵器次之；二是临淄郎家大墓出土铁器16件，有镢9件、斧5件、锄1件、凿1件；三是临淄孙娄乡孙家营村在齐鲁乙烯排污工程施工中，出土铁器7件，鉴定为战国时期。其中犁铧2件，铁锄3件，铁镢1件、铁斧1件；四是临淄窝托齐王墓出土了铁器约401件。其中铠甲3领、殳2件、戟141件、矛6件、铍20件、杆形器约180件、镢1件、卮1件、锄1件、削3件、暖炉1件、车垫4件、车饰19件。

据研究，我国的冶铁术发明于春秋晚期，战国时期已普遍使用。冶铁术发明后，对生产力的提高起着极为重要的作用。据《管子》载，早在春秋管桓时期，齐国"断山木，鼓山铁"就成为重要的手工业部门。齐地铁矿资源丰富，《管子·地数篇》载：齐地"出铁之山三千六百九山"；齐故城勘探发现六处冶铁遗址，其中两处面积达40万平方米。汉代全国设铁官49处，山东就设12处，多在齐地，其中一处就设在临淄。正因齐国较早地发明了冶铁术，铁工具广泛用于农作，才有可能使齐地多盐荒芜之地

寻觅历史的踪迹

变成膏腴之田。

总的说来，中国开始使用铁器的年代目前尚无定论。考古发现最早的铁器属于春秋时代，其中多数发现于湖南长沙地区。战国中期以后，出土的铁器遍及当时的七国地区，应用到社会生产和生活的各个方面，在农业、手工业部门中并已占居主要地位，楚、燕等地区的军队，装备基本上也以铁制武器为主。战国时期的铁器还经由朝鲜传入日本。西汉时期，应用铁器的地域更为辽阔，器类、数量显著增加，质量又有提高。东汉时期铁器最终取代了青铜器。

珍贵的金银器

金银器在历史文物中占有重要位置，是中国传统文化艺术的重要载体。金银是贵重金属，硬度适中，具有延展性，易锤打成形，又有亮丽的天然色泽，且不易氧化变色，是制作工艺品的良好材料。甘肃玉门夏代古墓中出土的金耳环是我国发现的最早的金饰器实物。商代的金器以装饰品占主导地位，器物类相对较少。河南安阳殷墟遗址出土的眼部贴金的虎形饰及金片、金叶、金箔等装饰，四川广汉三星堆商代祭祀坑中发现的金面罩和金杖等祭祀用的金器，说明金器在商代已得到社会上层广泛使用。银的使

元代豆芽菜式金耳环

第三章 玉石陶瓷漆与金属类文物

用历史较晚，目前所见的春秋时期银错铜兵器，是最早用银的实物。中国古代的金银器，以往传世的实物并不很多。主要原因是黄金和白银均属稀有贵金属，不可能大批量生产。为此，流传下来的古代金银器，被人们珍视。我国金银的主要产地是四川成都、陕西西安、河北香河、湖南湘西。

我国金银器的发展简况是：春秋战国时期，金银器形制种类增多，出现了金银器皿，南北风格迥异。北方出土的金银器及其金细工艺发达。南方地区金银器则多为器皿，制法大多来自青铜工艺。著名文物有虎牛相斗金牌饰、金盏、金匕、银猿、鹰冠。秦朝的金银器制作已综合使用了铸造、抛光等工艺技术。汉朝金银器器形简洁，金细工艺逐渐成熟，金银的形制、纹饰、色彩更加精巧玲珑。著名文物有八角形金饰、银豆、鎏金龙凤纹银盘、银盆。魏晋南北朝金银器数量较多，制作技术更加娴熟，器形、图案不断创新。较为常见的金银器仍为饰物。著名文物有鹿角牛头金冠饰、金奔马。隋唐金银器日渐兴盛，类别丰富、造型别致，唐代金银器可分为食器、饮器、容器、日用杂器、装饰品及宗教用器。著名文物有乐工八棱金把杯、鎏金飞廉纹银盘、蔓草花鸟八棱银杯、银熏炉、鎏金银香囊。宋代金银器轻薄精巧、典雅秀美，造型上极为讲究，花式繁多，以清素典雅为特色。两宋时期的金银器制造业更为商品化。皇亲贵戚、王公大臣、富商巨贾，都享有着大量的金

清代金银器

寻觅历史的踪迹

银器，上层庶民的饰品及饮食器皿也都使用金银器。随着金银器的社会化，宋代金银器无论在造型上或纹饰上，富有生活气息。元代金银器除日用器皿和饰品外，陈设品增多。明代的金银器制造工艺高超，明定陵出土的金冠、金盆等是代表作。明代的金银器造型庄重，装饰华丽，雕镂精细。器物用打胎法制成胎型，主体纹样采用锤成凸纹法，细部采用錾刻法，结合花丝工艺，组成精美图案，有的器物镶嵌珍珠宝石，五光十色。金银上凿刻压印"官作"或"行作"或工匠名及成色。清代金银器的工艺多趋于繁富华丽、精细琐碎，色彩艳丽妍美。

金银器可分为金银器物和金银饰物两大类，还可分为饮食、信符玺印、容器、舆洗器、梳妆用具、陈设观赏品、宗教祭祀器、冠服、发饰、颈饰、耳饰、手饰、臂饰、胸坠饰、剑饰、车马饰、货币、杂器等10余小类。金银器物中的饮食器有樽、杯、盘、壶、盏、碗、豆、盅、锅、箸、勺、匙、温碗、盏托、茶具、羽觞、执壶、花口杯、提梁壶等。信符玺印有腰牌、符牌、金印章等。容器有盒、缸、罐、簋等。舆洗器有匜、盆、洗等。梳妆用具有梳、篦、刀、奁、镊、镜架、栉背等。陈设观赏器有薰炉、香薰、银钏、金钟、瓶、盘、挂屏、盆景、天球仪等。宗教祭祀器有造像，葬具、法器、祭器、如意、香案、匾牌、菩萨等。

金银饰物中的冠服有凤冠、冠顶、冠带、金银冠、步摇冠、冠花等；发饰有笄、簪、钗、梳步摇、钿花、珠花等；颈饰有项链、顶圈、排圈、金银冠坠、护头箍、金银角、银马围帕、金银抹额、金银插针、金银衣帽饰、吊饰、长命锁等；耳饰有耳珰、耳环耳坠等；手、臂饰有钏、镯、条脱、戒指、指环、顶针等；胸腰坠饰有压领、腰链、腰带、腰牌等；货币类有金贝、金条、金砖、金板、金饼、银贝、银饼、银元、银铤、银锭、金五铢、马蹄金、麟趾金、金银通宝等。

第四章 书画碑刻与印玺砚类文物

寻觅历史的踪迹

　　书画、碑刻、印玺、石砚诸类文物，主要是从文化功能的角度划分，属于文化气息浓厚的文物类别。其中，书法又称"中国书法"，是中国特有的一种传统艺术。从狭义讲，书法是指用毛笔书写汉字的方法和规律。包括执笔、运笔、点画、结构、布局。从广义讲，书法是指语言符号的书写法则。也就是说，书法是指按照文字特点及其涵义，以其书体笔法、结构和章法写字，使之成为富有美感的艺术作品。绘画是一种在二维的平面上以手工方式临摹自然的艺术，按工具材料和技法分为中国画、油画、版画、水彩画、水粉画等画种。中国画分为工笔画和写意画。依描绘对象的不同，绘画又分为人物画、风景画、静物画。人物画又分为肖像画、历史画、宗教画、风俗画、军事画、人体画。石刻属于雕塑艺术，是运用雕刻的技法在石质材料上创造出具有实在体积的各类艺术品，分为陵墓石刻、宗教石刻、其他石刻三类。碑帖是碑和帖的合称，"碑"指的是石刻的拓本，"帖"指的是将古人著名的墨迹，刻在木板上可石上汇集而成。碑的拓本和帖的拓本都是传播文化的重要手段。书籍善本最早是指校勘严密，刻印精美的古籍，后来包括刻印较早、流传较少的各类古籍。玺印是凭证工具之一，国家、官吏与个人在社会生活中皆须以印记为凭证，于是官、私玺印产生。玺印始自东周，代代相承，未曾间断。砚是古代中国重要的文化用品，历史久远。古砚多用铁、铜、银、石、瓦、陶、澄泥、玉、漆等制成，与笔、墨、纸合称文房四宝。本章就以书画、碑刻、印玺、砚类文物为题，来分别说一说这些文化气息浓厚的文物。

第四章 书画碑刻与印玺砚类文物

中国书法体简介

书法，又称"中国书法"，分为"软笔书法""硬笔书法"，是中国特有的一种传统艺术。中国的书法艺术开始于汉字的产生阶段。书法艺术的第一批作品不是文字，而是象形文字或图画文字。汉字的刻画符号，首先出现在陶器上。距今八千多年前的裴李岗出土的手制陶瓷上，有较多的符号，这种符号是汉字的雏形。距今六千年前的半坡遗址，出土了一些类似文字的简单刻画的彩陶。接着有二里头文化和二里岗文化，均发现有刻画记号的陶片。这些简单的文字可以称为史前书法。从夏商周，经春秋战国，到秦汉，各种书法体相续出现，有甲骨文、金文、石刻文、简帛朱墨手迹等，其中篆书、隶书、草书、行书、楷书等字体定型，书法艺术开始了有序发展。下面我们就来介绍一些中国的书法体。

（1）甲骨文

甲骨文又叫契文，是古汉字一种书体的名称，是现存中国最古老的文字。甲骨文刻在甲骨上，用于卜辞，是对未来事情结果的占卜，盛于殷商。甲骨文发现于1889年，是殷商晚期王室占卜时的记录，发现于河南安阳小屯村一带。甲骨文是中国书法史上的第一块瑰宝，其笔法已有粗细、轻重、疾徐的变化，下笔轻而疾，行笔粗而重，收笔快而捷，具有一定的节奏感。笔

裴李岗双耳红陶壶

画转折处方圆皆有，方者动峭，圆者柔润。其线条比陶文更为和谐流畅，为中国书法特有的线的艺术奠定了基调。甲骨文结体长方，奠定汉字的字型。

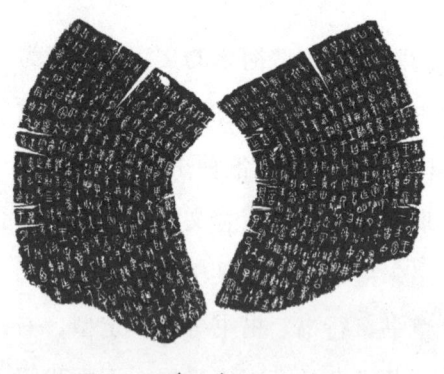

金文

（2）金文

金文又称为钟鼎文、器文、古金文，为古汉字一种书体的名称。是商、西周、春秋、战国时期铜器上铭文字体的总称，兴盛于周代。金文为中国书法史上的又一丰碑。其依附于青铜器。金文线条较之甲骨文，更为粗壮有力；文字的象形意味也更为浓重。最早的金文见于商代中期出土的青铜器上，年代都比殷墟甲骨文早。周代是金文的黄金时代，出土铭文最多。主要作品有《利簋》《天亡簋》《大盂鼎》《墙盘》《散氏盘》《虢季子白盘》。尤以《司母戊鼎》《散氏盘》《毛公鼎》最为出名。

（3）石刻文

石刻文产生于周代，兴盛于秦代。传说中的最早的石刻是夏朝时的《岣嵝碑》，刻诗文体格调与《诗经》大小雅相近；字体近于《说文解字》所载籀文，历来对其书法评价甚高。石刻文主要作品有《石鼓文》《峄山石刻》《泰山石刻》《琅琊石刻》《会稽石刻》等。

（4）简帛墨迹

书法艺术最重真迹，但秦汉以前的书法中的真迹，一般只有在简帛盟书中才能见到。古代的简册，以竹质为主，编简的绳用牛筋、丝线、麻绳。考古发现最早的简帛墨迹，有湖北云梦出土的秦简，山西侯马出土的战国盟书，长沙马王堆出土的战国帛书。

总之，中国书法经甲骨文、金文，至春秋战国时期，由于诸侯割据，因此殷商以来的文字，在诸

第四章 书画碑刻与印玺砚类文物

侯各国走上了不同的发展道路,这一时期,书法的形态和技巧呈现了一种百家争鸣的局面。如晋国的"蝌蚪文",吴、越、楚、蔡等国的"鸟书",笔画多加曲折和拖长尾。春秋战国时期的金文已不似西周金文那种浓厚的形态,替之以修长的体态,显示出一种圆润秀美,如《攻吴王夫差鉴》。这时期留存的墨迹多为简、帛、盟书等。

◆中国历代书法文物

先秦书法作品有:一是殷商甲骨文,是经过巫史加工过的古汉字。严格地讲,只有到了甲骨文,才称得上是书法。因为甲骨文已具备了中国书法的三个基本要素:用笔,结字,章法。名作有商代武丁时期的《祭祀狩猎涂朱牛骨刻辞》。二是西周大盂鼎铭文。大盂鼎是西周康王时期的著名青铜器,内壁有铭文,长达291字。书法体势严谨,字形、布局质朴平实,用笔方圆兼备,是西周早期金文书法的代表作。三是西周毛公鼎铭文。毛公鼎作于西周晚期的宣王时期。内壁铸有多达498字的长篇铭文。其内容是周王为中兴周室,革除积弊,策命重臣毛公,要他忠心辅佐周王,以免遭丧国之祸,并赐给他大量物品,毛公为感谢周王,特铸鼎记其事。其书法结构匀称准确,线条遒劲稳健,布局妥贴。四是散氏盘铭文。为西周后期厉王时代的青铜器,其铭文结构奇古,线条圆润而凝炼,表现了浓重的"金味"。五是秦石鼓文。为战国时代秦国刻石。石鼓共有十枚,形似鼓状,每件石鼓上以籀文刻四言诗一首,共

《祭祀狩猎涂朱牛骨刻辞》

寻觅历史的踪迹

十首，其内容为记述秦王游猎之事，故石鼓又称为猎碣。石鼓文的字体是典型的秦国书风，对后来秦朝小篆产生很大影响。

春秋战国时期，各国文字差异很大。秦始皇统一国家后，丞相李斯主持统一全国文字。秦统一后的文字称为秦篆，又叫小篆，是在金文和石鼓文的基础上删繁就简而来。著名书法家李斯主持整理出了小篆。《绎山石刻》《泰山石刻》《琅琊石刻》《会稽石刻》即为李斯所书。到了西汉，隶书完成了由篆书到隶书的蜕变，结体由纵势变成横势。隶书的出现是汉字书写的一大进步，是书法史上的一次革命，不但使汉字趋于方正楷模，而且在笔法上也突破了单一的中锋运笔，为以后各种书体流派奠定了基础。秦代书法作品有：一是泰山刻石。作者秦相李斯，是我国书法史上第一个有记载的书法家。《泰山刻石》的字体是小篆，结构直接继承了《石鼓文》的特征，比《石鼓文》更加简化和方整，并呈长方形，线条圆润流畅。二是云梦睡虎地秦简，为书法史研究提供了真正秦隶的资料。秦简为毛笔墨书，只有毛笔的运用，篆书的快写，才真正把中国书法向隶书的方向推进。

两汉书法分为两大形式，一是汉石刻，二是瓦当玺印文和简帛盟书墨迹。在摩崖石刻中以《石门颂》等最著名。另外还有蔡邕的《熹平石经》，以及《封龙山》《西狭颂》《孔宙》《乙瑛》《史晨》《张迁》《曹全》诸碑。书法艺术的繁荣期是从东汉开始的。东汉时期出现了专门的书法理论著

《泰山刻石》

第四章 书画碑刻与印玺砚类文物

作，最早的书法理论提出者是东西汉之交的扬雄。第一部书法理论专著是东汉时期崔瑗的《草书势》。汉代书法家分为两类：一类是汉隶书家，以蔡邕为代表。一类是草书家，以杜度、崔瑗、张芝为代表。最能代表汉代书法特色的是碑刻和简牍上的书法。东汉碑刻林立，碑刻以汉隶刻之，字型方正。汉代创兴草书，草书的最初阶段是草隶，到了东汉时期形成章草，后由张芝创立今草，即草书。两汉书法名品有：《汉武都太守汉阳河阳李翕西狭颂》，又名《惠安西表》，刻在甘肃成县天井山摩崖；《武都太守李翕析里桥埔阁颂》，与《西狭颂》为姊妹篇，刻在陕西略阳县白崖；《鲁相韩敕造孔庙礼器碑》，又名《韩敕碑》，刻在曲阜孔庙，字体工整方纵，大小匀称，左规右矩；《史晨前后碑》，前碑全称《鲁相史晨祀孔子奏铭》，后碑全称《史晨飨孔庙碑》，立在山东曲阜孔庙；《汉故谷城长荡阴令张君表颂》，立在山东东平县。

三国时期，隶书开始衍变出楷书。楷书又名正书、真书，由钟繇所创。三国时期，楷书进入刻石的历史。名品有三国（魏）时期的《荐季直表》《宣示表》。两晋时期书法大家辈出。最能代表魏晋精神、在书法史上最具影响力的书法家是王羲之，人称"书圣"。王羲之的行书《兰亭序》被誉为"天下第一行书"，另有《快雪时晴帖》。其子王献之的《洛神赋》，

《兰亭序》

字法端劲。另外还有陆机、卫瑾、索靖、王导、谢安、鉴亮等书法家。两晋书法主要表现在行书上，行书是介于草书和楷书之间的一种字体。魏晋书法"三希"是王献之

寻觅历史的踪迹

的《中秋帖》，王羲之的《快雪时晴帖》，王询的《伯远帖》。南北朝时期，中国书法艺术进入北碑南帖时代。北朝碑刻书法，以北魏、东魏最精，代表作有《张猛龙碑》《敬使君碑》《真草千子文》《经石峪》。南梁《瘗鹤铭》、北魏《郑文公碑》可谓南北双星。

隋结束南北朝的混乱局面，统一中国，南帖北碑发展至隋而混合同流，正式完成楷书之形式。隋楷上承两晋南北朝沿革，下开唐代规范。隋碑多为真书，分四种风格：平正淳和，如丁道护的《启法寺碑》；峻严方饬，如《董美人墓志铭》；深厚圆劲，如《信行禅师塔铭》；秀朗细挺，如《龙藏寺碑》。其他的书法名作还有《真草千字文》《僧杰大士塔砖铭》《曹植庙碑》《邑志碑》《张通妻陶贵墓志》《青州舍利塔下铭》《苏慈墓志》《优婆塞经》《常丑奴墓志》《宁赞碑》《董穆墓志》《高昌任谦墓志》《颜勤礼碑》。唐代书法，对前代既有继承又有革新。楷书、行书、草书发展到唐代都跨入新境地。唐初楷书大家有欧阳询、虞世南、褚遂良、薛稷、欧阳通为书法大家。另外李邕独树一帜，张旭、怀素以颠狂醉态将草书表现形式推向极致。唐代书法艺术，可分初唐、中唐、晚唐三个时期。初唐以继承为主，尊重法度，刻意追求晋代书法的劲美。中唐不断创新，极为昌盛。晚唐书艺亦有进展。唐代历朝名家辈出，初唐有欧阳询、虞世南、褚遂良等；中唐有颜真卿、柳公权等；晚唐有王文秉的篆书，李鹗的楷书。唐代书法名作有《金刚经》《上阳台帖》《晋祠铭》《孔子庙堂碑》《皇甫诞碑》《雁塔圣教序》《古诗四贴》《皇甫涎帖》《卜商帖》《张翰帖》《梦奠帖》《汝南公主墓志》《幽州昭仁寺碑》《李寿墓志》《五言兰亭诗》《雁塔圣教序》《温泉铭》《崔敦礼碑》《李靖碑》《兰陵长公主碑》《升仙太子碑》《敦煌题记》《不空和尚碑》《多宝塔感应碑》《玄秘塔

第四章 书画碑刻与印玺砚类文物

碑》《神策军碑》等。后唐、后晋、后汉、后周，称五代。五代在书法上值得称道的，当推杨凝式。他的书法在五代，可谓中流砥柱。另外还有李煜、彦修。五代书法名作有《韭花帖》《神仙起居发帖》《夏热帖》《王建哀册》《韩通妻董氏墓志》《妙法连华经卷》等。

宋朝书法尚意，包含四点：一重哲理性，二重书卷气，三重风格化，四重意境表现。倡导书法创作中个性化和独创性。宋代书法以一种尚意抒情的新面目出现在世人面前，书家除了具有"天然""工夫"外，还需具有"学识"即"书卷气"。宋代书法家代表人物是苏东坡、黄庭坚、米芾、蔡京。南宋有吴说、赵佶、陆游、范成大、朱熹、文天祥等书家。宋代书法名作有《赤壁赋》《花气熏人帖》《蒙惠帖》《论书帖》《罗池庙碑》《珊瑚帖》《楷书尺牍》等。元初书法崇尚复古，宗法晋、唐而少创新。元朝书坛的核心人物是赵孟頫，他所创立的楷书"赵体"与唐楷之欧体、颜体、柳体并称四体。在元朝书坛享有盛名的还有鲜于枢、邓文原，主张书画同法，注重结字的体态。元代书法的特征是

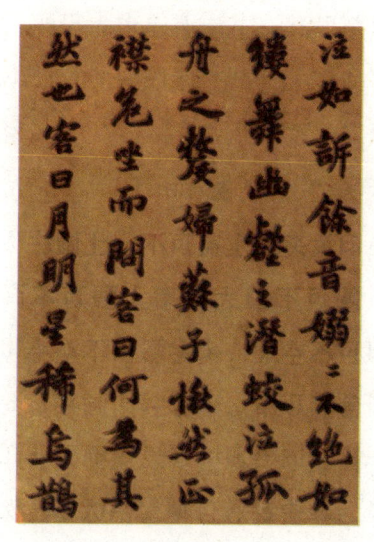

《前赤壁赋》

"尚古尊帖"。元代书法名作有《汲黯传》《洛神赋》《草书尺牍》《临神仙起居帖》《自书诗翰》《唐诗草书卷》等。

明朝书法分为三个阶段：明初书法"一字万同""台阁体"盛行。沈度将小楷推向极致。明初书法家有擅行草书的刘基、工小楷的宋濂、精篆隶的宋遂和章草名家朱克。另外有祝允明、文徵明、王宠

寻觅历史的踪迹

"三子"。明中期吴中四家崛起，祝允明、文征明、唐寅、王宠四子依赵孟頫而上通晋唐，开始迈入倡导个性化的新境域。晚明书坛兴起批判思潮，书法上追求大尺幅，震荡的视觉效果，侧锋取势，使书法原先的秩序开始瓦解，代表书家有张瑞图、黄道周、王铎、倪元瑞等。帖学大家董其昌仍坚持传统。明代书法名作有《大行书七言诗轴》《唐寅落花诗》《行书七律诗轴》《前、后赤壁赋》《滕王阁序》、《唐宋诗卷》《王洗烟江叠嶂图跋》《虞世南摹兰亭序跋》《临张旭秋深帖》《敬馥帖》《题公中塔颂》《橘颂》《别后帖》等。明末书坛的放浪笔墨，狂放不。愤世疾俗的风气在清初进一步延伸，如朱傅山等人的作品。清初书法名家有"扬州八怪"、姜英、张照、刘墉、王文治、方纲等。另外由于士大夫热衷于从事金石考据，学碑趋之若鹜，最后成为清朝书坛的主流。加上阮元、包世臣、康有为大力张扬，碑学作为一种与帖学相抗衡的书学系统而存在。当时著名的书家如金农、邓石如、何绍基、赵之谦、吴昌硕、张裕钊、康有为等纷纷用碑意写字作画。清代书法名作有《石鼓文四屏条》《行书七绝诗轴》《篆书扇面》《行书临河序册》《四体帖》《草书诗轴》《陶潜诗》《临古法帖》《探梅诗》《七律四屏条》等。

文物百花园

中国书法之最

(1) 最早的大书法家

李斯，秦代政治家，曾为秦统一全国文字。李斯作《仓颉篇》，赵

第四章　书画碑刻与印玺砚类文物

高作《爰历篇》，胡母敬作《博学篇》。李斯被后代书法家尊崇为小篆书法之祖，传世的书迹有《泰山刻石》《琅琊台刻石》。

（2）最早善写草书的人

杜操，字伯度，东汉长安人。因避魏武帝曹操讳，魏晋人改其称为杜度。他擅长章草、书法有骨力而微瘦。崔瑗父子学他的书法，后人并称"崔杜"。

《琅琊台刻石》

（3）最早的今草大师

张芝，字伯英，东汉敦煌酒泉人。后徙居陕西华阴。他勤学好古，擅长章草，对草书的贡献是将古代字字区别的草法，改创为上下牵连富于变化的新写法，尊为"草圣"。唐朝《书断》中将其章草、草书列为神品之首，隶书为妙品之首。流传至今的书迹有《八月帖》。

（4）最早的楷书革新家

钟繇，字元常，三国时河南长葛人，擅长隶书、楷书、行书。其楷书笔法和结体上带有浓厚的隶书气息，风格古朴，被历代奉为楷模，为正书之祖。与东汉张芝、东晋王羲之、王献之合称为书中四贤；同王羲之并称钟王。书迹有《荐季直表》《宣示表》《贺捷表》。

（5）最早的女书法家

卫铄，字茂漪，嫁汝阴太守李矩，世称李夫人或卫夫人。东晋河东安邑（今山西夏县）人。她的书法学习钟繇，并受祖辈影响，擅长楷、

寻觅历史的踪迹

行、篆、隶，楷体造诣尤高。王羲之少时曾从她学习书法。

（6）最早的行草书革新家

王羲之，字逸少，东晋琅琊临沂（今属山东省）人，后移居会稽山阴（今浙江绍兴市）。生性好山水与交友。少时曾学卫铄，后北游名山，见到李斯、锺繇等著名书法家的书迹，于是遍学众碑。他在楷书、草书的基础上，把草书推向全新境界，其行草书最能表现雄逸流动的艺术美。《兰亭序》为其代表作。另有《姨母帖》《初月帖》《寒切帖》《平安帖·何如帖·奉橘帖》《快雪时晴帖》《远宦帖》。

中国的古籍善本

"古籍"是古书的雅称。我国殷商时已开始在竹木简上写文字。到西周、春秋时，做了不少四言诗，草拟了贵族间各种礼仪的节目单或细则；还有周人用蓍草占卦的卦辞、爻辞；春秋时诸侯国按年月日写下来的大事记即"春秋"或"史记"。这些是后来史书的雏形，但仍都没有编成书，只能算档案或文献。春秋末战国初，孔子以及战国学者把过去积累的档案文献编成《诗》《书》《礼》《易》《春秋》等教材，作哲理化的讲解。同时，战国各个学派有不少论著，出现了自然科学技术方面的专著。这些即是我国最早的书，最早的古籍。一般来说，古籍是纸为载体抄写或印刷的中国古代图书。中国古代的时间下限，有3种标准：鸦片战争的1840年；辛亥革命推翻清朝的1911年；五四运动的1919年。在文物界一般认为1911年前成书的图书，即为古籍。

中国古籍的印刷形式有3种：一

第四章 书画碑刻与印玺砚类文物

是雕版印刷。现存最早的是公元868年刻印的《金刚经》；二是活字印刷。北宋毕升于庆历年间（1041—1048年）发明泥活字，元代王祯用木活字印书，明代中期盛行铜活字。明清铜活字和木活字所印之书，现存很多；三是套版印刷。是雕版印刷的发展。先是朱墨两色套印，后发展到三色、四色、五色甚至六色。套印在宋辽金时代即已发明，盛行于明清。中国古籍的形制主要有：

卷轴装：盛行于南北朝至唐代；即是用粘结幅度相等的若干幅纸成一长条，承袭简册帛书的存放方式，左端安一轴，以轴为中心，从左向右卷成一卷。

册叶装：唐末五代出现这种装帧，盛行于宋元，分为经折装、蝴蝶装。经折装，即将一长条，按一定行数左右折叠成长方形，前后加封面。蝴蝶装，即将印好的一整叶，以有字的一面对折，数叶为一叠，将若干叠的版心处粘于用作前后封面的硬纸上。

包背装：元代、明代前期最流行；即将书叶无字的一面对折，数叶为一叠，右边版框空白处打眼订捻，前后封面是一整张纸，书脊被包裹起来。

线装：出现于明代中期，是中国古籍最后最通行的装帧形式。明清时期，很多宋元古书重装时大都改为线装。折叠方法与包背装一样，只是打眼处改用线装订，前后封面各用一纸。

最早出现善本概念是宋代，是指版刻书籍的精品。善就是好的意思，"善本"原指版刻古籍中的校

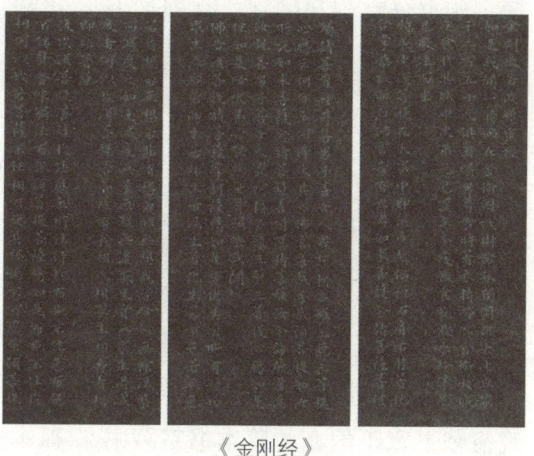

《金刚经》

寻觅历史的踪迹

刊好、装帧好、时代久、流传少、具有学术价值和历史价值的书籍。版刻书籍是用木版雕刻文字印刷成书。唐以前没有发明印刷术，用刀笔刻写笔刻在竹简、缣帛、纸和羊皮上。唐发明了模印法后，宋的雕版印刷已非常发达，书籍发行量大增。印书分官刻和民刻，官刻是由朝廷经办的，质量好。民间作坊质量参差不齐，装帧、脱字、讹字、纸张、字迹等存在种种问题。宋代是版刻鼎盛时期，于是出现了对善本、不善本的研究。在历代藏书家中，善本肯定是旧本，那些抄写、刻印年代较近的只能是普通本，如晚清藏书家丁丙在《善本书室藏书志》中，规定收书范围是：旧刻；精本；旧抄；旧校。他按照那个时代的标准，将旧刻规定为宋元版书，精本为明代精刻。依据这一划分，随着时间的推移，民国时期，明刻本进入旧刻行列，20世纪中期以后，乾隆以前刻本全都变成善本，均以年代划界。实际上，真正的善本主要应着眼于书的内容，着眼于古籍的科学研究价值和历史文物价值。

中国有6000年的文明史，图书作为重要的标志文明的牌记，与中国古老的文明社会并驾齐驱。从壁石、钟鼎、竹简、尺牍、缣帛到纸张，无一不向社会传播文明，传递知识。但久经改朝换代、天灾人祸，能保留下的古书少之又少，所以，古书收藏认清古籍中的孤本、善本、珍本的界定是非常必要的。孤本的概念比较清晰，凡国内藏书只此一部的，未见各家收藏、著录的，一概称为国内孤本。珍本与善本的界定，历来为

古籍善本

第四章　书画碑刻与印玺砚类文物

版本鉴定学者所争论。一般说来，珍本是比较稀见或比较珍贵之本，善本是凡内容有用，流传稀少，校刻精良，具有文物、学术或艺术价值之本。善本的时代下限，一般定在清乾隆六十年（1795年）。

另外在中国古籍收藏界，善本书有个"三性""九条"。其中，善本"三性"是指书籍应具备较高的历史文物性、学术资料性和艺术代表性。善本"九条"是指：

（1）元代及元代以前刻印抄写的图书；

（2）明代刻、抄写的图书；

（3）清代乾隆以前流传较少的刻本、抄本；

（4）太平天国及历代农民革命政权所刊印的图书；

（5）辛亥革命前，在学术研究上有独到见解，或有学派特点的稿本以及流传很少的刻本、抄本；

（6）辛亥革命前，反映某一时期、某一领域或某一事件资料方面的稿本以及流传很少的刻本、抄本；

（7）辛亥革命以前的名人学者批校、题跋或抄录前人批校而有参考价值的印本、抄本；

（8）在印刷术上能反映古代印刷术发展的各种活字印本、套印本或有精校版画、插画的刻本；

（9）明代的印谱、清代的集古印谱、名家篆刻印谱的钤印本，有特色的亲笔题记等。

文物百花园

古籍名称的由来

（1）以作者本名作集名，如唐代杜审言的诗集称《杜审言集》；

（2）以作者的字或别号作集名，如曹植的《曹子建集》；

寻觅历史的踪迹

（3）以作者的籍贯作集名，如唐代张九龄的《曲江集》；

（4）以作者曾经居住过的地名作集名，如杜牧的《樊川文集》；

（5）以作者的官衔作集名，有的用最高官衔作集名，有的以成名时的官衔作集名，如杜甫的《杜工部诗集》；

（6）以作者的封、谥作集名，如南北朝谢灵运的《谢康乐集》；北宋司马光的《温国文正司马公集》；

（7）以作者的堂名、室名作集名，多以堂、室、斋、居、轩、亭、庵、馆为名，如明代汤显祖家的《玉茗堂全集》；

白居易的《白氏长庆集》

清代袁枚的《随园诗话》；

（8）以成书年代作集名，如唐代白居易的《白氏长庆集》、元稹的《元氏长庆集》。

精美的绘画艺术

已知最古老的绘画位于法国肖维岩洞，可以追溯至32000年前。这些画由红赭石和黑色颜料绘制，主题有马、犀牛、狮子、水牛、猛犸象或打猎归来的人。石洞壁画分布在世界各地。中国绘画的历史最

第四章　书画碑刻与印玺砚类文物

早可追溯到原始社会新石器时代的彩陶纹饰和岩画。先秦绘画已记载在一些古籍中，如周代宫、明堂、庙祠中的历史人物，战国漆器、青铜器纹饰，楚国出土帛画等，都已达到较高的水平。总的说来，中国绘画是中国文化的重要组成部分，根植于民族文化土壤之中。中国绘画不拘泥于形似，强调神似；以毛笔、水墨、宣纸为特殊材料，建构了独特的透视理论，大胆而自由地打破时空限制，使中国传统绘画具艺术魄力。

秦汉王朝是中国早期建立的中央集权制大国，疆域辽阔，国势强盛，丝绸之路沟通着中外艺术交流，绘画艺术空前发展。尤其是汉代盛行厚葬之风，其墓室壁画、画像砖、画像石，以及随葬帛画，生动塑造了现实、历史、神话人物形象。画风气魄宏大，笔势流动，内容丰富，形式多彩。魏晋南北朝时期，战争频仍，民生疾苦，给佛教提供了传播的土壤，佛教美术兴起。如新疆克孜尔石窟，甘肃麦积山石窟，敦煌莫高窟都保存了大量的魏晋南北朝壁画。此时还涌现出一批有文化教养的知名画家，如顾恺之。同时玄学流行，山水画、花鸟画开始萌芽，以文学为题材的绘画日趋流行。

隋唐时国家统一，社会相对稳定，经济繁荣，对外交流活跃，给绘画艺术注入了新的因素。在人物画方面，佛教壁画中西域画风仍流行，但吴道子、周昉等人具有鲜明中原画风的作品占了绝对优势，民族风格日益成熟，展子虔、李思训、王维、张璪等人的山水画、花鸟画已取得较高的成就。五代两宋之后，中国绘画艺术进一步成熟完备，出现了一个鼎盛时期，朝廷设置画院，延揽人才，宫廷绘画盛极一时，画家辈出。绘画发展至元、明、清，文人画获得了突出发展。题材上，山水画、花鸟画占据绝对地位。文人画强调抒发主观情绪，"不求形似""无求于世"，不趋附大众审美要求，表现闲情逸趣，强调人品画品的统一，并将笔墨情

寻觅历史的踪迹

趣与诗、书、印融为一体。中国绘画在12世纪的宋朝发展到高峰,以郭熙的《早春图》为写实主义的巅峰,以后就开始转向主观情趣的抒发。到15世纪的明朝末年、清朝初画两种。工笔画用笔工整细致,敷色层层渲染,细节明彻入微,要用极细腻的笔触,描绘物象。写意画用简练、豪放、洒落的笔墨,描绘物象的形神,抒发作者的感情。另

临摹郭熙《早春图》

期,画家已经开始向表现自我方向转化,不注重客观世界的描绘,诸如八大山人、扬州八怪、任伯年、吴昌硕等都有很强的自我风格。

中国绘画,分工笔画、写意外中国绘画还可细分为:青绿山水画,是具有独特风格的山水型绘画,这种画以青绿颜色为主,用笔工整,细笔重彩,色彩浓烈,富有生气。色彩浓烈的叫大青绿山水,

第四章　书画碑刻与印玺砚类文物

彩色浅淡些的叫小青绿山水，用金彩勾勒山石纹理的叫金碧山水；没骨画，用墨笔勾轮廓线的叫用骨法，不勾勒轮廓线的叫没骨法，直接用色用墨进行绘画；水墨山水画，是唐代大诗人王维奠定基础，不用色彩，以墨的浓淡、干湿，表现峰峦山石景色。五代水墨画开始用皴法表现效果，山石更加雄伟壮丽。明代徐渭的泼墨大写意在水墨画上发展了水墨的技巧。他的画法对清代的石涛、朱耷影响很大。清代的郑板桥和近代的齐白石都受徐渭的影响；米点山水画，也称为米家山水，是米芾用明显与模糊的墨点表现山川景色的画法。元代高克恭、方从义，明代董其昌、蓝瑛都有突出成就；赭墨山水画，赭红就是酱色，也叫浅绛山水，由元代黄公望创造。

中国绘画还分为白描画、指头画、界画。画中完全用线条来表现物象的称为"白描"。白描有单勾和复勾两种。用线一次画成的叫单勾。复勾是先用淡墨完全勾好，然后根据具体情况决定复勾一部分或全部。白描是用线条，用墨线浓淡、粗细、虚实、轻重、刚柔、曲直的表现技法。宋代李公麟创造了白描技法。元代钱选、明代陈洪绶的白描画都很成功。指头画又称指画，已有300多年的历史，是我国传统绘画一个分

界　画

寻觅历史的踪迹

支。指头画，一般不用或极少用毛笔。创始人是清初康熙年间的高其佩。成就卓著者有潘天寿。界画是指画的一部分或大部分，用直尺画墨线组成的画。主要表现庄严雄伟的建筑物，如宫殿、庙宇、楼阁、亭台等。五代卫贤、元代郭忠恕达到界画高峰，清代袁江、袁跃都是界画名家。

◆中国历代绘画

中国绘画有着深厚的传统和独特的民族风格，是以毛笔、墨、绢纸为主要工具、以点线结构为主要表现手段的造型艺术。总的说来，中国绘画是中国文化的重要组成部分，根植于民族文化土壤之中。中国绘画不拘泥于形似，强调神似；以毛笔、水墨、宣纸为特殊材料，建构了独特的透视理论，大胆而自由地打破时空限制，使中国传统绘画独具艺术魅力。下面我们就来介绍中国历代绘画发展状况及名作。

（1）秦汉绘画

秦汉绘画主要流行帛画、壁画、画像石、画像砖。秦汉丝织业较为发达，帛画艺术获得发展。随着重孝道、行厚葬风气的兴盛，作为殉葬品的汉代帛画显得精致。其内容题材包括经史、文学、天文、地理、医药、谶纬迷信等内容。今天所能见到的是湖南长沙马王堆汉墓及山东临沂金雀山汉墓中出土的几幅帛画。马王堆汉墓帛画幅面成T形，自上而下分3个部分，上段绘天界，人首蛇身的女娲居中，周围有日、月、扶桑、升龙、神仙、怪兽等；中部为人间，一年老的妇人拄杖而行，即墓主人生前的形象，前后有男女侍从。最下段画一怪人，赤裸着身体蹲在两条大鱼的背上，用头和手支撑着地面。文献中记载的秦代壁画，由于年代久远，大多已无法得见。秦咸阳宫3号宫殿遗址发现西阁道上东西两残壁满饰壁画，有《车马图》《仪仗图》和《麦穗图》。西汉的壁画艺术继承了秦代的传统风范。洛阳西汉卜千秋墓壁画，作于西汉昭帝、宣帝时期，是现存最早的汉墓壁画。东汉壁画的内容已由"仙界"下降到"凡间",减少了神话故事题材,增加了对墓主生平及各种现实生活的描绘。汉画像石始建于西汉晚期,盛行东汉,以后不再流行。它的基本制作方法是:先有画师在打制好的石板平面上绘出线勾的图画底稿,然后由石工按画稿加以雕镂刻画,最后还要由画工再加彩绘。汉画像石的制作包括了雕刻和绘画两种技法。汉画像石主要是为墓葬和祭祀场所做装饰,所以其画面内容多围绕墓主人的生平、财富、社会活动以及为其服务的生产活动、神仙、鬼神等信仰而展开。

(2)魏晋南北朝绘画

魏晋南北朝以前的绘画主要由无名画工承担,作品不署名款。六朝则涌现出一大批出身于士大夫阶层、专志于绘画,并取得杰出成就的画家,他们地位显赫、画艺精湛,深受时人推崇,其作品为人们欣赏、收藏和流传。魏晋南北朝在保留前朝的壁画、漆画、画像石和画像砖同时,出现了纸绢卷轴画,多出自士大夫画家之手。六朝是我国绘画艺术的初步成熟阶段。人物画达到成熟,名家有东晋的顾恺之、刘宋的陆探微、南齐的张僧繇、北齐的杨子华和曹仲达等。魏晋南北朝绘画题材有佛教画、故事画、风格画、山水画。名画有顾恺之的《庐山图》《女史箴图卷》《列女仁智图卷》《洛神赋图卷》和梁元帝萧绎的《职贡图卷》、杨子华《北齐较书图卷》、

女史箴图

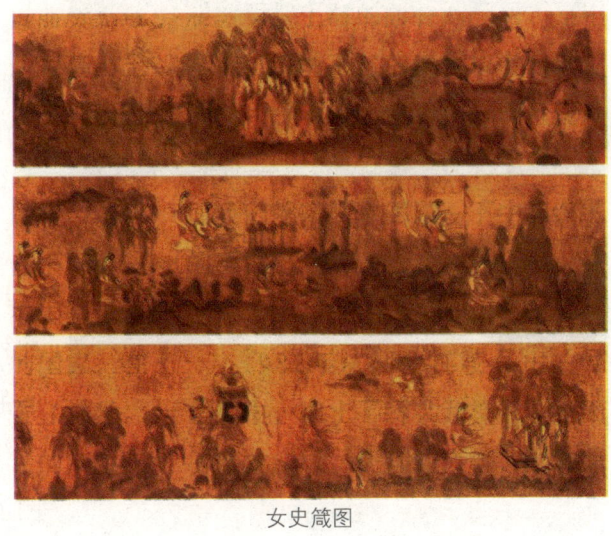

戴逵的《吴中溪山邑居图》。

(3) 隋唐绘画

隋代的绘画风格，承前启后。画家大多擅长宗教题材，也善于描写贵族生活。山水画开始独立出来。隋代的著名画家有杨契丹、郑法士、董伯仁、展子虔、孙尚子、尉迟跋质那。唐代绘画在隋的基础上有了全面发展，人物画取得非凡成就，青绿山水与水墨山水先后成熟，花鸟与走兽作为独立画科引起人们注意。初唐时的人物画发展最大，山水画则沿袭隋代的细密作风，宗教绘画的世俗化倾向明显增多。这时著名的画家有阎立德、康萨陀、薛稷、殷仲容。盛唐时期是中国绘画发展史空前繁盛的时代。宗教画更趋世俗，经变绘画有发展。以"丰肥"为时尚的现实妇女进入画面。波墨山水画开始出现。著名画家有吴道子、张萱、李昭道、张璪、曹霸、韩干、陈闳、韩滉、韦偃、王维、卢稜伽、梁令瓒。中晚唐的绘画开拓了新的领域。此时，以周昉为代表的人物仕女画及宗教画更加完备。王墨等人的山水画盛行树石题材，渐用重墨。边鸾、滕昌祐、刁光胤等的花鸟画体现出花鸟画的日臻完善。此外，李真与孙位也是当时的著名画家。隋唐绘画名作有：展子虔的《游春图》，是现存最早的卷轴

《雪溪图》

画；阎立本的作品《步辇图》《历代帝王图》；李思训的《江帆楼阁图》《明皇幸蜀图》；王维的《辋川图》《雪溪图》及《济南伏生像》；曹霸的《凌烟阁功臣像》；韩幹的《牧马图》《照夜白图》、《韩幹神骏图》；韩滉的《李德裕见客图》《尧民击壤图》《田家风俗图》《五牛图》；韦偃的《摹韦偃牧放图》；边鸾的《梅花山茶雪雀图》；刁光胤的《写生花卉册》等。

（4）五代绘画

五代时，人物画的题材内容日渐宽泛，宗教神话、历史故事、文人生活等都成为描绘的主题。画家多注重人物神情和心理的描写，传神写照的能力的能力又有提高。在技法上向两大方向发展：工笔设色用笔更加细致多变，赋色也变得鲜丽起来，色调比唐代有所丰富；水墨除了超变形发展以外，还出现水墨大写意的画法。山水画在此时从选材到技法，都有了飞跃发展。"荆关董巨"四大家的出现，成为中国山水画发展史的里程碑。以荆浩和关仝为代表的北方山水画派，开创了大山大水的构图，善于描写雄伟壮美的全景式山水；以董源、巨然为代表的江南山水画派，长于表现平淡天真的江南景色。五代花鸟画也出现两大阵营，以西蜀黄筌为代表的一派，被称为"黄家富贵"，多描绘宫廷苑囿中的珍禽奇花，画法精细；江南徐熙所代表的一派，多取材于水鸟野卉，画法多用墨笔，色彩极少，被称作"徐家野逸"。五代绘画的名家名作有：周文矩的《琉璃堂人物图》《宫中图》；顾闳中的《韩熙载夜宴图》；贯休的《十六罗汉像》；徐熙的《雪竹图》；黄筌的《写生珍禽图》；荆浩的《匡庐图》；关仝的《关山行旅图》与《山溪待渡图》；赵幹的《江行初雪图》；董源的《龙宿郊民图》《夏山图》《夏景山口待渡图》《潇湘图》《溪岸图》；巨然的《秋山问道图》《万壑松风图》《山居图》《溪山图》《层岩丛树图》《萧翼

寻觅历史的踪迹

赚兰亭图》《溪山兰若图》等。

（5）宋代绘画

宋朝延续300多年，民间绘画、宫廷绘画、士大夫绘画各自形成体系，构成宋代绘画的面貌。宋代绘画代表人物为李公麟、苏轼、文同、米芾等人。北宋城市文化生活空前活跃，绘画的需求量明显增长，为绘画发展和繁荣提供了物质条件和群众基础。宋代绘画进入手工业商业行列，与群众建立较为密切的联系。一批技艺精湛的职业画家，将作品作为商品在市场上出售，汴京及临安都有纸画行业。汴京、临安等地的酒楼以悬挂字画美化店堂，作为吸引顾客的手段。市民遇有喜庆宴会，所需要的屏风、画帐、书画陈设等都可以租赁。总之，社会对绘画的需求和民间职业画家创作的活跃，是推动宋代绘画发展的重要因素。宋代还出现了汴京、临安、平阳、成都、建阳等雕版中心，不少书籍及佛经都附有版画插图，现存珍品有宋金雕印的弥勒像、陀罗尼经咒、《佛国禅师文殊指南图赞》《赵城藏》。另外宋代的壁画也很发达。如东京大相国寺、玉清昭应宫、景灵宫、五岳观、及南宋临安的显应观、西太一宫、五圣庙等壁画都出自画院名家手笔。宋代宗教画中出现更为鲜明的世俗化倾向，以热闹的场面、有趣的情节吸引观众。宋代壁画有山西高平开化寺壁画、正定静志寺塔和净众院塔基地宫壁画、敦煌莫高窟宋代壁画。宋代绘画名家名作有：卫贤的《闸口盘车图》，王居正的《纺车图》，张择端的《清明上河图》，苏汉臣的《秋庭戏婴图》，李嵩的《货郎图》，朱锐的《盘车图》，阎次平的《牧牛图》，李公麟的《西园雅集图》《丽人行》《牡丹狸猫图》《斗牛图》，赵佶的《听琴图》，高元亨的《从驾两军角抵戏场图》，燕文贵的《七夕夜市图》，崔白的《禽兔图》，文同的《墨竹图》，以及无名氏的《耕织图》《耕获图》《柳荫云碓图》《江天楼阁图》《岁朝图》《五瑞图》《大傩图》

第四章 书画碑刻与印玺砚类文物

《明妃出塞图》

《观灯图》《采薇图》《朱云折槛图》《袁盎却坐图》《陈元达锁谏图》《免胄图》《便桥会盟图》《文姬归汉图》《明妃出塞图》等。

（6）辽金绘画

916年耶律阿保机建立契丹国，947年耶律德光改国号为辽，至1125年金灭辽止，辽王朝统治北中国209年。在辽的统治区内，各民族创造了以汉族文化为核心并带有不同民族和地区特点的文化艺术。辽太祖耶律阿保机长子东丹王耶律倍，是一个卓有成就的画家。他于后唐长兴二年投奔后唐明宗，赐名为李赞华。他善画契丹贵族生活及鞍马。辽兴宗耶律宗真亦善丹青，曾画《千角鹿图》。南院枢密使萧融，也以好画著名。辽代绘画继承唐及五代传统，多描写北方少数民族生活情状，以人物、鞍马居多。画花卉鸟兽带有浓郁的装饰味。辽代绘画名家名作有：耶律倍的《射骑图》《人骑图》《卓歇图》《秋

寻觅历史的踪迹

昭陵六骏图

林群鹿图》《丹枫呦鹿图》《采药图》《深山会棋图》以及《竹雀双兔图》。

1115年，完颜部首领阿骨打建立金朝，金太宗继之灭掉辽及北宋，称雄北方，成为与南宋对峙的强大王朝。1127年金兵攻破北宋京城汴梁，便将一些画工俘掳北去，使其在金朝地区内从事绘画活动，北宋宫廷藏画也有不少流散到北方。金世宗大定（1161—1189年）年间迄金章宗泰和（1190—1208年）年间，绘画活跃。金章宗爱好绘画，在政府秘书监下设书画局，将藏画加以鉴定。金朝绘画名家名作有：李山的《风雪杉松图》，武元直的《赤壁图》，王庭筠的《幽竹枯槎图》，张圭的《神龟图》《文姬归汉图》，赵霖的《昭陵六骏图》。

（7）元代绘画

13世纪初，蒙古族兴起于塞北，1234年灭金。1279年灭南宋，统一中国，建立以大都（今北京）为中心的元帝国。世祖忽必烈重用汉族儒臣，仁宗和文宗朝（1312—1332年），进一步"亲儒重道"，喜好书画艺术。文宗建立奎章阁，任命画家、书画鉴藏家柯九思为鉴书博士，对内府所藏书画进行鉴定。元代文人画占据画坛主流。因元代未设画院，除少数专业画家直接服务于宫廷外，大都是身居高位的士大夫画家和在野的文人画家。他们的创作比较自由，多表现自身的生活环境、情趣和理想。山水、枯木、竹石、梅兰等题材大量出现，直接反映社会生活的人物画减少。重视以书法用笔入画和

第四章 书画碑刻与印玺砚类文物

诗、书、画的结合。元代壁画比较兴盛,有佛教寺庙壁画、道教宫观壁画、墓室壁画、皇家宫殿和达官贵人府邸厅堂壁画。寺庙、宫观壁画的题材内容以佛道人物为主,殿堂壁画大都描画山水、竹石花鸟,墓室壁画主要反映墓主人生前生活。寺、观、墓室壁画多出民间画工之手,宫殿及府邸壁画以文人士大夫画家为主。山水、竹石、花鸟等题材的增多,是元代壁画的显著特点之一。元代画坛名家有赵孟頫、钱选、高克恭、王渊,以及号称元四家的黄公望、吴镇、倪瓒、王蒙。元代绘画名家名作有:倪瓒的《渔庄秋霁图》、赵孟頫的《幼舆丘壑图》、吴镇的《渔父图》、钱选的《归去来辞图》、王渊的《花竹锦鸡图》等。

(8)明代绘画

在中国绘画史上,明代画风迭变,画派繁兴。传统的人物画、山水画、花鸟画盛行,文人墨戏画的梅、兰、竹及杂画等相当发达。涌现出众多以地区为中心或以风格

倪瓒的《渔庄秋霁图》

相区别的绘画派系,主要有宫廷画派、浙派、吴门派、松江派、苏松派。画法方面,水墨山水和写意花鸟成就显著。民间绘画尤其是版画,至明末呈现繁盛局面。明代文人墨戏画也很发达,专门以墨竹著名的有宋克、王绂、鲁得之,以墨梅著名的有孙以吉、陈宪章,以墨兰著名的有周天球等。

寻觅历史的踪迹

杏园雅集图

明代早期绘画从洪武至弘治年间，宫廷绘画与浙派盛行于画坛。朝廷征召的许多画家，多授以锦衣卫武职。画史称他们为画院画家。明代宫廷绘画以山水、花鸟画为盛，人物画取材比较狭窄，以描绘帝后的肖像和行乐生活、皇室的文治武功、君王的礼贤下士为主。如商喜《明宣宗行乐图》、谢环《杏园雅集图》、倪端《聘庞图》、刘俊《雪夜访普图》等。山水画主要宗法南宋马远、夏圭、郭熙，著名画家有李在、王谔、朱端等。花鸟画代表画家有边景昭、孙隆、林良、吕纪。明代早期，江南地区还有一批继承元代水墨画传统的文人画家，如徐贲、王绂、刘珏、杜琼、姚绶等人。王绂被称为明代"开山手"。刘珏、杜琼、姚绶的画风堪称吴门派先驱。另外还有画家王履、周臣、郭诩、史忠等。

明代中期绘画自正德至万历年间，苏州地区崛起以沈周、文徵明为代表的吴门派，成为画坛主流。他们继承和发展了崇尚笔墨意趣和"士气""逸格"的元人绘画传统，以沈周、文徵明、唐寅、仇英最负盛名，史称吴门四家。他们开创的画派，被称为吴门派或吴派。唐寅的山水画多为水墨，有两种路数：一是以李唐、刘松年为宗，风格雄峻刚健；二是为细笔画，风格圆润雅秀。吴门四家从学者甚众。宗法沈周的有王纶、陈焕、陈铎、杜冀龙、谢时臣等人；追随文徵明的有文嘉、文伯仁、陆治、陈淳、

第四章　书画碑刻与印玺砚类文物

陆师道、周天球。吴门派发展到明末，因循守旧，被重倡文人画的董其昌及其流派取代。

明代后期绘画自万历至崇祯年间，绘画领域出现新的转机。徐渭进一步完善了花鸟画的大写意画法。陈洪绶、崔子忠、丁云鹏等开创了变形人物画法。以董其昌为代表的画家在文人山水画方面另辟蹊径，形成许多支派。徐渭画风有力地推进了后世写意花鸟画的发展，画史称为青藤画派。他擅长泼墨法，以狂草般的笔法纵情挥洒，不拘成法，形象脱略形似，追求气韵，墨色滋润淋漓，奔放流动。徐渭的画风对清代的朱耷、石涛、扬州八怪、海派乃至现代的齐白石等都产生深远影响。明代中后期的人物画，陈洪绶异军突起，人物形象夸张甚至变形，气势伟岸，格调高古，富有装饰性和金石味。其子陈宇、弟子严湛、魏湘等直承其法，清末"四任"（任熊、任颐、任薰、任预）进一步发展了他的传统。崔子忠擅长白描人物，与陈洪绶并称"南陈北崔"。明代后期山水画，继吴门派而起的是董其昌。他重倡文人画，注重笔墨，追求"士气"，成为画坛盟主，他创立的松江派取代了吴门派。其弟子有莫是龙、陈继儒、赵左、沈士充、程嘉燧、李流芳、卞文瑜、邵弥。晚明还出现了不少地区性的山水画

董其昌山水画

派。如浙江钱塘的蓝瑛创武林派，安徽芜湖的萧云从创姑熟派，浙江嘉兴的项元汴、项圣谟创嘉兴派，江苏武进邹子麟、恽向创武进派。

（9）清代绘画

清代卷轴画延续元、明以来的趋势，文人画风靡，山水画勃兴，水墨写意画法盛行。文人画呈现出崇古和创新两种趋向。宫廷绘画在康熙、乾隆时获得较大发展。民间绘画以年画和版画的成就最突出，呈现空前繁盛的局面。清代早期绘画自顺治至康熙初年，文人山水画兴盛，承续明末董其昌衣钵的四王画派居画坛正统地位。四王画派至清代中期，影响遍及朝野，受其影响的画家有黄鼎、唐岱、董邦达、方士庶、张宗苍、钱维城、杨晋、李世倬、宋骏业、唐俊、蔡远。此外，还有"小四王"（王昱、王愫、王宸、王玖）、"后四王"（王三锡、王廷周、王廷元、王鸣韶）。活动于江南地区的明代遗民画家有金陵八家、"四僧"、新安派。南京的金陵八家，以龚贤为首，包括樊圻、高岑、吴宏、叶欣、谢荪，主要描写南京一带风光。"四僧"是指石涛、朱耷、石溪、渐江4人，4人均抱有强烈的民族意识。他们借画抒写身世之感和抑郁之气，寄托对故国山川的炽热之情。其中石涛、朱耷成就最显著。石涛是清初最富有创造性的画家，朱耷以花鸟画著称。渐江善写黄山真景，与石涛、梅清有黄山派之称，与查士标、孙逸、汪之瑞合称海阳四家，形成新安派。清初绘画名家还有恽寿平的没骨花卉画，袁江的界画，罗牧的江西派，蓝孟、蓝深的武林派。另外还有禹之鼎、谢彬、上官周、张穆、傅山、普荷、法若真、黄向坚等。

清代中期即康、雍、乾年间，是清代社会安定繁荣时期，绘画上呈现隆兴景象，北京、扬州成为绘画两大中心。京城的宫廷绘画活跃一时，扬州地区崛起了扬州八怪。宫廷绘画内容主要有：描绘帝后、大臣、少数民族上层首领的人物肖像画，表现帝后生活的宫廷生活

第四章 书画碑刻与印玺砚类文物

画，记录当代重大历史事件的历史纪实画，供装饰、观赏用的山水、花鸟画等。最负盛名的人物画家有焦秉贞、冷枚、金廷标、丁观鹏、姚文瀚。山水画家有唐岱、徐扬、张宗苍、方琮等。花鸟画家有蒋廷锡、邹一桂等。清代扬州，各地画家纷至沓来，扬州八怪就是其间最著名的画家。"八怪"重视生活感受，强调抒发性灵，作品多写梅、兰、竹、石，善用泼墨写意，狂放怪异，在画坛上独树一帜。主要画家有金农、黄慎、汪士慎、郑燮、李方膺、高翔、罗聘、高凤翰、边寿民、闵贞、陈撰等人。他们多取梅、兰、竹、菊、山石、野花、蔬果为题材，以寓意手法比拟清高的人品、孤傲的性格、野逸的志趣，使作品具有较深的思想性。此时扬名画坛的还有顾鹤庆创立的丹徒派，高其佩的指头画派，擅长肖像的丁皋，以花鸟、竹石见称的沈铨、张锡宁，兼长金石学的山水画家黄易、奚冈、赵之琛等。

清代晚期自嘉、道至清末，中国逐步沦为半殖民地半封建社会。文人画流派和宫廷画日渐衰微，而辟为通商口岸的上海和广州，成为

宫廷绘画人物

新的绘画要地，出现了海派和岭南画派。海派代表画家有赵之谦、虚谷、任熊、任颐、吴昌硕。赵之谦和吴昌硕作为文人画家，将书法、篆刻等艺术表现形式融于绘画。任熊、任颐与任薰、任预合称"四任"，他们在人物、肖像和小写意花鸟画方面成就突出。虚谷以画花鸟草虫著称，善用枯笔秃锋。岭南画派由晚清居巢、居廉

寻觅历史的踪迹

兄弟开其先声,民国初高剑父、高奇峰、陈树人创立新派。他们汲取素描、水彩画法所形成的中西结合画风,为中国画的新发展作出了有益尝试。

"黑老虎"碑帖

碑帖,俗称"黑老虎"。碑最早始于汉,最早的碑有三种用途,即宫中之碑,竖立于宫前以测日影;祠庙之碑,立于宗庙中以拴牲畜;墓冢之碑,天子、诸侯和大夫下葬时用于牵引棺木入墓穴。最早的三种碑上都是没有文字图案的。帖最早指书写在帛或纸上的墨迹原作。后来写得优秀的墨迹难以流传,于是把它们刻在木头、石头上,可以多次拓制,这样就把刻于木石上的墨迹作品及其拓本,称为帖。也就是说,我们的前辈为了记述前朝重要事件和隆重庆典等,把文学形式和书法家的手迹经过名匠刻手,刻凿在悬崖和石碑上,因此当对这些刻凿在悬崖和石碑上的文字进行拓印,经过裱装成轴或册页,这样就成了碑帖。碑帖是碑和帖的合称,实际"碑"指的是石刻的拓本,"帖"指的是将古人著名的墨迹,刻在木板上汇集而成。碑的拓本和帖的拓本都是传播文化的重要手段。后人为了学习书法,多以碑帖作

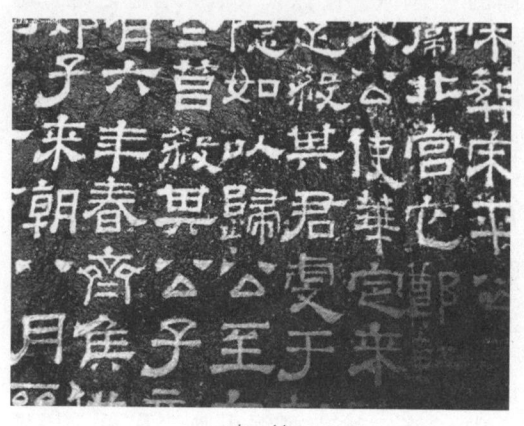

碑 帖

第四章 书画碑刻与印玺砚类文物

为学习资料。

具体来说，碑与帖的区别在于：一是制作目的不同。最初的碑没有文字，后来在碑上增加文字，主要目的是追述世系、记叙生平、歌功颂德，而不是传扬书法。唐以前的碑多不署书者姓名。刻帖的目的是传播书法，为书法研习者提供历代名家法书的复制品，所以书法的优劣是它的选择标准。二是书体不同。碑所用书体在隋以前都是庄重肃穆的篆、隶、楷书。直至唐太宗才开始有行书入碑。草书刻碑除升天太子碑外，绝少。刻帖始自赵宋，多数是诗文简札，以行、草书及小楷居多。三是形制不同。碑是竖立在地面上的石刻，多数是长方形，也有圆顶、尖顶的。丰碑巨碣动辄丈余高，气势宏伟。帖因取材于简札、书信、手卷，故高度一般在一尺上下，长则一尺至三四尺，呈横式，多为石板状，只在正面刻字。另外帖有木刻，碑则绝少。四是制作方法不同。南朝梁以前，碑一般是由书写者用朱笔直接把字写在磨平的碑石上，再经镌刻。碑字有极浓的金石味道。而刻帖是先将墨迹上的字用透明的纸以墨摹下来，然后用朱色从背面依字勾勒；再拓印上石，最后刻，比碑多出两道工序。

对于碑帖来说，认识古代留下的各种拓本，重要的是对原石的鉴别。由于原碑石被毁，仅存的原拓本或孤本，就会价值连城。如今学习鉴赏碑帖，成为许多收藏者的兴趣。从鉴赏的角度来说，首先映入眼帘的是拓本的装潢，各种旧拓本特别是古拓本，有不同时期的式样。因此，"经折装""蝴蝶装""线装"等都反映出材料和裱装的时代特征。其次是对拓本纸张和拓本具体的墨色和效果的分析。南宋以后，碑帖的制伪高手越来越从拓法上和刻石上下功夫。所以进一步鉴别出书法的风格、用笔等，这就成了鉴赏中的主要依据。再有鉴别碑帖的题签、印鉴、题跋等这些文字，都能帮助我们鉴定真伪。

古代碑帖作伪有重刻和翻刻

寻觅历史的踪迹

法、伪刻法、嵌蜡填补、染色充旧、题记作伪、影印和锌版、刮、补、涂墨、套配、印章、墨气和装潢作伪等手段。其中，重刻和翻刻即原物已毁或早已失传，因而重刻的叫重刻本。这种本因原石不存在，拓本极稀少，或已成为孤本，因此重刻本的价值不可低估。但重刻本也有先后、优劣之分。另一种因路远拓印不便，或因年代远字迹模糊缺损，碑商依旧拓刻、冒充原石的叫做翻刻本。翻刻本大都仓促刻成，刻工多半是文盲，字画错谬很多，且原碑尚在，因此没有什么价值。这类刻本乾隆、嘉庆以后种类很多，有石刻、木刻、灰漆、泥墙刻等。翻刻本的名目上至秦汉，大至摩崖，无所不有。伪刻是造假者根据书本上的资料，杜撰成文，书写刻成的叫伪刻。伪刻因为是没有根据的杜撰，更不如翻刻，毫无价值可言。伪刻有的以拓片骗人，有的干脆连石刻一起出售，如汉代的《营陵置礼碑》《张飞立马铭》《陶宏景墓志》等就是这类伪刻。下面我们就来介绍一下《晋祠铭》《多宝塔感应碑》《玄秘塔碑》和《神策军碑》。

（1）《晋祠铭》

《晋祠铭》即晋祠之铭并序碑，在晋祠贞观宝翰亭内，当年由唐太宗李世民撰文并书。碑高195厘米，宽120厘米，厚27厘米，方座螭首额书飞白体"贞观廿年正月廿六日"。李渊、李世民父子起兵太原，建立唐朝后到此酬谢叔虞神恩，铭文歌颂宗周政和唐叔虞建国

《晋祠铭》

策略，宣扬唐王朝的文治武功，以期巩固唐皇室政权。全文行书体，劲秀挺拔，飞逸洒脱，骨格雄奇，刻工洗炼，是仅次于《兰亭序》法帖的杰作，可谓行书楷模。

（2）《多宝塔感应碑》

《多宝塔感应碑》全称《大唐西京千福寺多宝塔感应碑》，颜真卿楷书，徐浩隶书题额，史华镌刻。唐天宝十一年（752年）四月立。碑高260.3厘米，宽140厘米，34行，行66字。《多宝塔感应碑》是颜书中书写时间最早的碑刻，反映了颜氏早期书法风貌。碑作于天宝十一年颜真卿四十三岁时，楷书。碑文结体严密，笔画粗细变化不大，与后来所书的《颜家庙碑》《麻姑仙坛记》风格迥异。

（3）《玄秘塔碑》

《玄秘塔碑》全称《唐故左街僧录内供奉三教谈论引驾大德安国寺上座赐紫大达法师玄秘塔碑铭并序》，唐裴休撰文，柳公权书并篆额。《玄秘塔碑》立于唐会昌元年（841年）十二月，碑在陕西西安碑林。楷书28行，行54字。《玄秘塔》出自颜真卿《郭家庙》，是柳公权六十四岁时所书。《玄秘塔》结字的特点主要是内敛外拓，运笔健劲舒展，干净利落。柳公权，字诚恳，号松雪道人。他笔法流利，初学王羲之，继学欧阳询、颜真卿，独创一格，自成一家，史称"柳体"。柳体兼取欧体之方，颜体之圆，下笔斩钉截铁，笔力遒劲峻拔，结构严谨，是唐宋八大书法家之一。

（4）《神策军碑》

《神策军碑》全称《皇帝巡幸左神策军纪圣德碑》，刻于唐会

《神策军碑》

寻觅历史的踪迹

昌三年（843年），乃柳公权晚年所书。原立于长安宫廷禁地，今藏国家图书馆。《神策军碑》字体沉着稳健，气势磅礴。唐朝自德宗之后，宦官掌管神策军，专权局面逐渐形成。此前，武宗之兄文宗曾命朝官谋划"甘露之变"，从而引发了朝官和宦官的激烈冲突，文宗因此被宦官软禁。武宗是宦官仇士良所立。因此，武宗决定巡视左神策军，其用意在于向宦官示好，而仇士良进而请求建立颂圣德碑以回应。神策军碑因此而立。《神策军碑》的碑文记录了回鹘汗国灭亡及安辑没斯来降等事。此碑由翰林学士承旨，崔铉撰文，柳公权书写。

文物百花园

石刻艺术

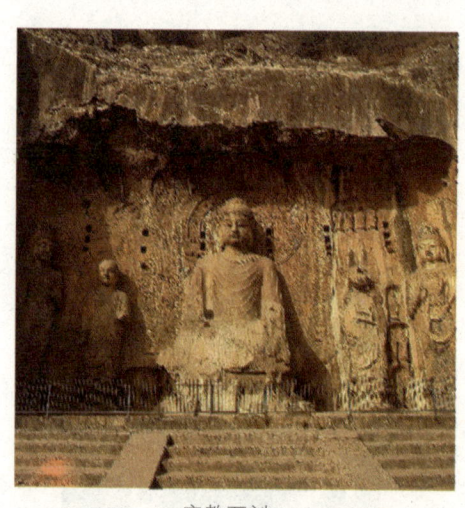

宗教石刻

石刻艺术在中国有着悠久的历史，属于雕塑艺术，是运用雕刻的技法在石质材料上创造出具有实在体积的各类艺术品。中国古代石刻运用圆雕、浮雕、透雕、平雕、线刻等各种技法创造出众多风格各异、生动多姿的石刻艺术品。古代石刻分为陵墓石刻、宗教石刻、其他石刻三类。

（1）陵墓石刻。石刻是随着陵寝制度和丧葬习俗的发展而成为其重要组成部分的。陵墓石刻分为两类地下和地上石刻。地下石刻为墓室内

第四章 书画碑刻与印玺砚类文物

实用性和装饰性石刻，如汉代的画像石、石棺、石椁。地上石刻主要是陵园、墓葬前的仪卫性和纪念性石刻，如石人、石兽、"昭陵六骏"等。

（2）宗教石刻。是指石窟寺、寺庙及民间供养的各种宗教造像及与之相关的雕刻，以佛教石刻为主。佛教自汉代传入中国后，南北朝造像之风盛行。隋唐的寺庙造像多为单体圆雕。

（3）其他石刻。中国古代石刻除陵墓石刻、宗教石刻外，还有很多实用性石刻。如宫殿、门阙、牌坊桥梁寺庙等各种建筑构件，及实用性石刻如石灯、石函、石镇、碑首、拴马桩等。

古老尊贵的玺印

"玺"是印章最早的名称。印，即信也。印章是用于文件上表示鉴定或签署的文具，一般印章都会先沾上颜料再印上，不沾颜料、印上平面后会呈现凹凸的称为钢印，有些是印于蜡或火漆上、信封上的蜡印。制作材质，古代多用铜、银、金、玉、琉璃等为印材，后有牙、角、木、水晶等，元代以后盛行石章。先秦及秦汉的印章多用作封发对象、简牍之用，把印盖于封泥之上，以防私拆，并作信验。后简简牍易为纸帛，封泥之用渐废。印章用朱色钤盖，除日常应用外，又多用于书画题识，遂成为我国特有的艺术品之一。传世的古代玺印，多出于古城废墟、河流和古墓中。古玺是先秦印章的通称。现在所能看到的最早的印章大多是战国古玺。

秦以前，无论官印、私印都称"玺"。秦统一六国后，制定一系列等级制度，规定皇帝独称"玺"，其材料用玉，臣民只称

寻觅历史的踪迹

白龙玺

"印",不能用玉。汉代也有诸侯王、王太后称"玺"。唐武则天时因觉得"玺"与"死"近音,遂改称"宝"。唐至清"玺""宝"并用。汉将军印称"章"。之后,印章有"印信""记""朱记""合同""关防""图章""符""契""押""戳子"等各种称呼。印分为官印、私印,作为官府书信往来和私人交往的凭证。汉代印又称"章""印信"。唐以后又将印称"记""朱记",明清又称"关防"。古印有钮,可以系绶。印钮形式有覆斗钮、鼻钮、龟钮、蛇钮、虎豹钮等,印文有阳文、阴文。字体在先秦时代是六国古文,秦汉至魏晋南北朝是篆字,隋唐以后多隶书、楷书。

印章基本上分为官印、私印两类。官印即官方所用之印章。历代官印,各有制度,不仅名称不同,形状、大小、印文、钮式也有差异。印章由皇家颁发,代表权力,以区别官阶和显示爵秩。官印一般四方形,有鼻钮。私印是官印以外印章之统称。另外,印章从文字安排上分为白文印、朱文印、朱白相间印、回文印;从制作方法上分为铸印、凿印、琢印、喷印;从治印材料上分为金印、玉印、银印、铜印、铁印、象牙印、犀角印、水晶印、石印、木质印、塑料印、有机玻璃印;从构成形式上分为一面印、二面印、六面印、子母印、套印。

印材是篆刻艺术最基本的材料。宋元以前制印大多用金、银、铜、玉、犀角、象牙、竹、木等为材料。元代王冕始以花乳石作印。花乳石成为擅长书画的文人治印的普遍用料。明代石质印材越来越被

第四章 书画碑刻与印玺砚类文物

广泛采用。在历代治印所选用的石材中，最常见的是青田石、寿山石和昌化石三类，另外还有内蒙石和东北石。青田石产于浙江省青田而得名。青田石质细腻温润，极易受刀，有青、黄、淡红及青灰等色彩，其中以灯光冻、白果冻、松花冻较名贵。寿山石产于福建寿山，有田坑、水坑和山坑之分，常见的有白芙蓉冻、脑脂胭脂冻。有"石中之王"雅号的田黄石是寿山石中的佼佼者，其中"黄金黄""桔皮黄"最稀贵。昌化石产于浙江昌化，有水坑与旱坑之分，有红、黄、灰等色。名品有"藕粉冻""鸡血石""刘关张""大红袍"。内蒙石，亦称蒙古石、巴林石，晶莹洁亮，绚丽多彩。

印章的价值一般表现在两个方面，一是其外形设计，也就是印钮的设计、铸造技艺。二是印面文字的书法和镌刻艺术。印钮的设计最初以实用为主，用于穿绶带系于腰间，如瓦钮、鼻钮等。到了清末民国年间，印章的艺术得到了空前的繁荣。印钮的设计也突破了上述的钮制，各种生肖鱼虫，人物花鸟尽现于钮的设计中。我国古代的印钮形态主要有鼻钮（先秦的官印、私印均大量采用这种形式，汉代以后的官印鼻钮变大，称为瓦钮、桥钮）、龟钮（是官印中最常见的钮制。龟与蛇结合称之为玄武，龟是长寿吉祥的象征）、蛇钮、羊钮、

皇后之玺

马钮、兔钮、鹿钮、羆钮、鱼钮、螭钮（螭虎钮，皇帝及皇后玺均用此钮，明清皇帝印玺均采用螭为钮的造型）。

印章的美学价值归结为艺术美和材质美。艺术美分成印文、印

寻觅历史的踪迹

款、印谱以及印饰。鉴赏印章文字,先把握艺术表现手法的特征,如书法、章法、刀法,再体会印文内容中蕴含的情趣、意味,综合起来细细欣赏。历来有成就的印艺家对书法都十分重视。对于鉴赏者来说,识篆成为一件首要任务。印文章法就是字与字、行与行之间的位置安排和整体布局的方法。章法的基本要求是平衡、老实、大方、端正。古人凿铜刻玉,过程复杂。刀法分为冲刀和切刀。冲刀行进爽快,一泻千里,能表现出雄健淋漓的气势;切刀行进较慢,能表现出遒劲凝炼、厚实稳健的气象。印章的边款就是铭刻在印章面或周面的姓名、年月等文字记录。按照钟鼎等铭文的称法,"款是阴字凹入者,识是阳字挺出者"。在印章领域,不论阴阳,通常统称为边款或款识。上古印章极少署款。印章款识除了可作书法碑帖艺术品来鉴赏,有些款识还具有很高的文学性。印章的印谱是印文以及款识的载体。印谱的钤拓,清道光之前都是用印泥朱拓印章,并不墨拓款识,直到西泠印章艺术昌盛繁荣的晚期,才有林云楼以拓碑帖的方法墨拓印款,置于印谱后面。印谱的钤拓分为印底文字的钤朱、印章款识的墨拓。

用印的忌讳主要有:书画上落款盖印,印比字大不可以。大幅盖大印,小幅盖小印;国画直幅落款字下盖印,直下底角,不可再盖压角闲章。如右上落款,左下角可盖闲章,左上落款,右下角可盖闲章;国画横幅落款,左右两头角边,不可盖闲章。右上落款,左下角可盖方形闲章,左下落款,右下角可盖方形闲章;长方形,圆形,长圆形闲章,不可盖在下角方形压角闲章处之地位。方形闲章,不可盖在书画上端空白处;国画直幅落款,字行末行末字,与他行字长短,不可整齐,盖印亦如此;盖二印,一方形,一圆形,不可匹配。同形印可匹配;盖二印,一大一小,不可匹配。同样大小可匹配;盖二印,一长方形,一椭圆形,不

第四章 书画碑刻与印玺砚类文物

可匹配。同形印可匹配；落款盖印之下，不可再题字；已经落款盖印字画，款后不可再落上款赠人；花头，鸟尾，树枝，山顶上，不可落款盖印；匠刻印章，不可用于书画上，需用艺术篆刻家所刻章；普通印泥，不适用于书画上，要用八宝印泥；盖二印，距离不可太远太近，相隔一个印距离正好；盖二印，印文，章法，刀法各异，不可匹配；画上不可题打油诗；上款上端不可盖闲章，压在人名头上，忌讳；盖压角闲章，不可太小，宣纸四开，用方形石印，大约三厘米，比较适中；盖压角闲章，不可盖二方上，一方正好。印与边距离约一点五厘米为适中；落款字下不盖印；书画上，不可盖上劈头大印；小画不可题大字，大画不可题小字。小空不可题字多，大空不可题字少；书画上姓名印，不可连盖三印以上，应盖二印，或一印妥当；书画上下左右，不可任意盖印；盖二印，不可东倒西歪；画上不可题上粗俗字题；书法四联首幅，右上可盖印首小长形章，其余不可盖。

印 章

文物百花园

印章字义上的分类

印章从字义上分为：一是姓名字号印，即印纹刻人姓名，表字或号；二是斋馆印，即古人常为自己的居室，书斋命名，并常以之制成印

寻觅历史的踪迹

章；三是书简印，即印文在姓名后加"启事""白事""言事"；四是收藏鉴赏印，即用于钤盖书画文物之用，如唐太宗有"贞观"，玄宗有"开元"，宋徽宗有"宣和"，皆用于御藏书画。收藏类印多加"收藏""珍藏""藏书""藏画""珍玩""密玩""图书"等字样。鉴赏类多加"鉴赏""珍赏""清赏""心赏""过目""眼福"等字样。校订类印多加"校订""考定""审定""鉴定""甄定"等字样；五是吉语印，即印文刻吉祥的语言；六是成语印，印文刻以成语、诗词，或牢骚、风月、佛道等语，一般钤盖在书画上。成语印盛行于宋元；七是肖形印，也称"象形印""图案印"，即刻有图案印章的统称，有龙、凤、虎、犬、马、鱼、鸟等。汉印中多于姓名四周附以龙虎，或青龙、白虎、朱雀、玄武"四灵"；八是署押印，也称"花押印"，系雕刻花写姓名的所签之押，使人不易摹仿，作为取信的凭记，始于宋代，一般没有外框。元代的多为长方形，一般上刻姓氏，下刻八思巴文或花押，又称"元押""元戳"。

◆中国历代的玺印

我国玺印始自东周，代代相承，分为四个发展时期：一是散制作期。古玺印最早为战国时代的，印体有大小、方圆、一二三层之分，顶端作小鼻纽，印文有三晋、齐、楚等国古文；二是形制统一期。秦汉魏晋皆有统一印制，南北朝因之。皇帝专用玉质，称玺，余者用铜，称印。这时印章有大小方圆、长方等形式，以鼻纽、龟纽居多；三是发展变化期。隋唐以后印体增大，鼻纽变成小长方形把手。官印文字皆作阳文，印边日渐增阔，布局日趋丰满。清宫的二十五宝玺为乾隆十一年（1746年）完成，是专用于国事的传国宝；四是继往开来期。明清私印以石料所作为多，取代了铜质印章。印文主要由书画家亲自提刀，或由治印家镌

第四章　书画碑刻与印玺砚类文物

刻，皆以秦汉六朝古印为宗，创造出个人风格，如明文何，晚清赵之谦、吴昌硕都是刻印大家。

接下来我们就来说一说中国历代的印章：

（1）先秦秦汉南北朝时代的印

中国最古老的文字有殷甲骨文，周钟鼎文，秦刻石，凡在金铜玉石等素材上雕刻的文字通称"金石"。玺印即包括在"金石"里。玺印的起源至少在春秋时已出现，战国时已普遍使用。起初只是作为商业上交流货物时的凭证。战国时期，主张合纵的名相苏秦佩戴过六国相印。秦始皇统一中国后，印章范围扩大为证明当权者权益的法物，为当权者掌握，作为统治人民的工具。南北朝时，以典淳平正的缪篆为基础的秦汉印风退出历史舞台，九叠文主宰了公印，后来公印也为明清兴起的文人篆刻所掩盖。

（2）隋唐时代的印

隋代继秦代之后，开启了中国古代印章制度与风格的新阶段。首先纸张在政府公文中的普遍使用，使公印边长从2.3厘米左右猛然增大到5.4厘米左右。公印不再发给官吏本人佩带，而是发给以官吏为代表的官署，公印不再佩带而变为匣装。其次，印章钤于纸帛，封泥时代结束，钤朱时代到来，印泥出现。公印也由秦汉的阴文转为阳文。再次，秦汉印主要分铸、凿两种。隋代公印是用薄铜片盘曲成印文再焊于印面上，故又称蟠条印，发展为九叠文。最后，秦汉时代，官印从不署款。从隋代开始，官署

九叠文

印有了刻款的习惯。唐代公印继承了隋印的特点而略有发展。首先，出现了"宝记""朱记"等新的印章名。其次，唐初印章钮式从隋代接近汉魏的鼻钮向宋以后的橛钮跨

寻觅历史的踪迹

进了一步，鼻钮升高，钮穿渐向竖长方形发展。再次，印背多刻楷书印文，不再像隋公印印背凿刻造印时间。最后，出现了鉴藏印、斋馆印。

（3）宋元时代的印

宋初官印一度袭用五代旧印。重铸公印时，印文多嵌"新"或"新铸"字样，以区别于五代公印等。百官印一律用铜铸造，大小依官阶高低而有所区别。宋公印印文是直接铸造，印文笔画间已不似隋唐印疏阔。与隋唐公印偶有背款不同，北宋早期公印多刻有年款，标明铸印年月。中期以后，在刻凿年款的同时，还凿有兼管颁发铸造的机构"少府监"的名称。靖康之难后，宋代官员仓皇南渡，印信多有遗失。南宋重铸公印，不过在印文前"加'行在'二字"。元朝公印有汉文印和八思巴文印两类。前者行用于八思巴文颁行以前的元代早期。至元六年（1269年），忽必烈命令国师八思巴创立八思巴文，即所谓"蒙古新字"，以后汉字九叠文公印就越来越少。八思巴文印吸收了宋印九叠文的特点，极为匀称整齐，棱角分明。元八思巴文公印的特点有：背款皆为汉字，印边加宽。

（4）夏辽金时代的印

夏辽金公印的样式都不同程度受到宋朝公印制度的影响，但又创造了自己一些别具一格的特点。西夏公印用西夏文；辽公印有的用汉文，有的用契丹文；金公印则全用汉文。西夏公印的特点有：西夏公印独用圆角形式；西夏公印皆为满白文，笔画极粗，而且使用边框，印面安排匀整饱满；印文从二字到六字不等。其中"首领"印最多，为上下安排，与汉人两字印左右安排不同；西夏公印在印背左边刻铸

元八思巴文

第四章 书画碑刻与印玺砚类文物

印年代，不记月日，更不见铸印机构。而在钮右印背刻执印者姓名。辽公印分别采用汉篆文和契丹文，契丹文又分契丹大字和契丹小字。契丹文为辽神册五年（920年）根据汉字隶书之半增损得之，前后通行300年。明清以来已无人认识，成了"绝学"。金朝之初，使用在征辽伐宋过程中掠去的辽、宋官印。正隆元年（1156年）海陵王改革金朝官印，公印铸造精工，外观平整光滑。金印一般印背左侧刻造印机构名称，如少府监、礼部、尚书礼部、行宫礼部等。右侧刻铸印年及月。印台侧面刻印文名或兼印章的编号。

（5）明清时代的印

明代皇帝、王府之宝用玉箸篆玉印。明代内阁印用玉箸文银印；将军印用柳叶文，平羌、平蛮、征西、镇朔等将军印用螭鼎文，皆银印虎钮；其余百官

汉篆

印都用九叠文，铜印直钮。明代直钮已由两宋长方形板状钮变为上小下大的椭圆柱状，加高到8厘米左右，形成后世俗称的"印把子"。明代官印背款皆凿年款及编号。清代百官印等级区分同样严格，印章普遍有所增大。字体有蒙古文楷书、满文、汉篆等。最常见的是汉满文对照同时出现在印面上，这是清公印的一大特点。汉篆中出现了玉箸篆、悬针篆、柳叶篆、芝英篆。

印章的种类

古玺：古玺是先秦印章的通称，现在所能看到的最早的印章多是战

寻觅历史的踪迹

国古玺。官玺的印文内容有"司马""司徒"等名称外,还有各种不规则的形状,还刻有吉语和图案。

秦印:秦印指的是战国末期到西汉初流行的印章,使用秦篆,多为白文凿印,印面常有"田"字格,以正方为多。

汉官印:汉官印是汉至魏晋时期的官印的统称。印文更整齐,结体平直方正,风格雄浑。

汉私印:汉私印即为汉代的私人用印,是古印中数量最多、形式最为丰富的一类。印文除了姓名之外,还加上吉语、籍贯、表字以及"之印""私印""信印"等文字。

将军印:将军印是汉官印中的一种,往往是在行军中急于临时任命,而在仓促之间以刀在印面上刻凿成的,又称"急就章"。

汉玉印:一般玉印制作精良、章法严谨、笔势圆转。

魏晋南北朝印:魏晋的官私印形式和钮制都沿袭汉代,传世印章不多,官印尺寸稍大,文字凿款比较草率。

朱白文印:朱白文印起自东汉,文字的位置安排及字数均可灵活变化不受局限,未见用于官印。

子母印:子母印又称"玺印",起于东汉,盛行于魏晋六朝,是大小两方或三方印套合而成的印章。

六面印:六面印呈"凸"字形,上面的印鼻有孔,可以穿带而佩,鼻端作一小印,连同其余五个印面称六面印。

杂形玺:杂形玺式样除了方圆长宽,更有凹凸形印、方、圆、三角合印,二圆三圆联珠,以及三叶分展状。

图案印:图案印又称肖形印、象形印。

成语印:成语印自战国开始就有,使用的格言、成语达百余种。

花押印:花押印兴于宋,盛于元,又称元押。元押多为长方,一般上刻楷书姓氏,下刻八思巴文或花押。

第四章　书画碑刻与印玺砚类文物

宋元圆朱文印：书画家赵孟頫对篆刻艺术大力提倡，受李阳冰篆书的影响，印文笔势流畅，圆转流丽。

今体字印章：秦汉以后，篆书已不是印章使用的唯一书体。除了唐宋的隶楷印章和元代的押字。清以来以今体（隶、楷、行草）入印。

收集印、斋馆印、闲章：斋馆印是以文人书房、住室的雅称刻制的印章；闲章源出古代吉语印，以诗文、成语、名言、俗谚入印。

子母印

文房之宝"古砚"

砚是用于磨墨的文具，其原始形态为较平整的河光石。由于早期的墨为颗粒状或薄片状，未能作成墨锭，不便握持，因而秦、汉古砚多附有研杵、研石，用它压住墨粒研磨。所以称为砚台。在古代的文房书斋中，笔、墨、纸、砚构成四宝文具。湖北云梦睡虎地秦墓即出现石砚，呈不规则的圆形。汉代石砚的造型趋于规整，主要有圆形、长方形两种。圆砚多附三足且有隆起之盖，盖底当中留出凹窝，以备盖砚时容纳研子。精致的圆砚在盖面上常镂出旋绕的蟠螭纹。长方形砚原来只是一块石板，这种砚被称为黛砚。山东临沂金雀山11号汉墓所出长方形石砚，附漆砚盒，盖、底均绘有云气禽兽纹。汉代还有一种附铜砚盒的石砚，铜砚盒常作兽形。比如徐州出土的兽形铜砚盒，

寻觅历史的踪迹

通体鎏金，满布鎏银的云气纹，杂嵌红珊瑚、绿松石和青金石，是珍贵文物。

晋代流行瓷砚，起初为圆形三足，形制大体沿袭汉代的圆砚。南北朝时的瓷圆砚下装一圈柱足，又被称作辟雍砚。这时也出现了箕形的风字砚。唐代开始讲究制砚之石材。以硬石制砚，如表面粗糙则易伤笔毫，如表面太滑又不利于发墨，故砚石须兼备坚硬、细腻易发墨等特点。根据这些标准，唐代选择广东肇庆所产端溪石制砚。端砚石质优美，磨墨无声，贮水不耗，腻而不滑，发墨不损毫，在唐代广泛流行。1965年广州动物公园出土的唐代风字形端砚，是唐代端砚的实物例证。除端溪石外，安徽婺源的歙溪石，也于开元年间开始开采。

端砚

此外，唐代还制成澄泥砚，以山西绛州的最著名，澄泥砚常制成风字形、龟形。宋代，端、歙、鲁、洮等石材所制之砚已为书家普遍采用。形式除长方形的抄手砚外，还有各种象形砚以及特制的兰亭砚、石渠砚、杂形砚等。此时已注重石材的纹理美，端砚则贵其石眼，如鹦哥眼、凤眼等。明、清石砚除以石质取胜外，特别注重雕刻造型，式样繁多，砚式有鼎形、琴形、竹节、花樽、马蹄、新月、莲叶、古钱、灵芝、蟾蜍等。文人学士常在砚上题刻铭文，甚至镌刻肖像。

从唐代起，端砚、歙砚、洮河砚和澄泥砚，并称为"四大名砚"。

（1）端砚

端砚是中国名砚的代表，始于唐代，盛于宋，产于广东高要、肇庆一带，颜色以紫色为主调，另有灰色、青黑色、青色、绿色。主要特点是石纹丰富，有青花纹、朱砂钉、五彩钉，另有形似动物眼睛的"石眼"。端砚的纹彩有青花、鱼脑冻、蕉叶白、玫瑰紫、胭脂火

第四章 书画碑刻与印玺砚类文物

捺、猪肝紫、冰纹、翡翠、金星点、金银线、马尾纹、天青等,其中青花分玫瑰紫青花、子母青花、雨霖墙青花、蛤肚青花、蚁脚青花、点滴青花、鱼仔队青花等。端砚的石眼有鹤哥眼、鸡翁眼、猫儿眼、鸭鸽眼、绿豆眼等,以猫儿眼最奇妙,分为活眼、死眼和泪眼。鉴别砚时,用手指敲打砚,听其声。发出金属声的,表明石质坚硬、密度高;木声表明石质温和,密度低;若发出的声音似瓦声,则表明石质粗糙。

(2) 歙砚

歙砚产于江西婺源与安徽歙县交界的龙尾山一带,始采于唐代开元年间(713—741年),南唐时期兴盛起来。歙砚的石品分为罗纹类、眉子、眉纹类、金星、金晕类。罗纹砚,其纹如罗丝精细,其色青莹,其理坚密;金星罗纹是指砚面融有谷粒的结晶物,在光线照耀下犹如天空星斗,金星久研磨而不褪,且越磨越亮,是歙砚中的佳品;眉子砚,"纹若甲痕,如人画眉,遍地成对"。

(3) 洮河砚

洮河砚产于甘肃临潭县境内洮河,已有1000多年的历史。洮河砚取材于深水之中,非常难得,是珍贵的砚材之一。洮河石质地细密晶莹,石纹如丝,似浪滚云涌,清丽动人。洮石有绿洮、红洮两种,以绿洮为贵。洮砚适用于雕刻大面积的图意,雕刻手法有浮雕、透雕、高浮雕。

(4) 澄泥砚

澄泥砚属陶瓷砚的一种非石砚材。制作方法是:以过滤的细泥为材料,掺进黄丹团后用力揉搓,再放入模具成型,用竹刀雕琢,待其干燥后放进窑内烧,最后裹上黑腊烧制而成。澄泥砚的制作始于晋唐

澄泥砚

寻觅历史的踪迹

时期，兴盛于宋朝。特点是质地坚硬耐磨，易发墨，且不耗墨。澄泥砚的颜色以鳝鱼黄、蟹壳青、玫瑰紫为主。河南灵宝、洛阳，河北钜鹿，山东青州，山西绛县，湖北鄂州，四川通州、江苏宝山等地是澄泥砚的著名产地。

文物百花园

古代文房用品

笔架：又称笔格、笔搁，供架笔所用。往往作山峰形，凹处可置笔。

笔筒：笔不用时插放其内。材质有瓷、玉、竹、木、漆，或圆或方。

笔洗：笔使用后以之濯洗余墨。多为钵盂形、花叶形。

墨床：墨研磨中稍事停歇，供临时搁墨之用。

墨匣：用于贮藏墨锭。多为漆匣，以远湿防潮。漆面上常作描金花纹，或用螺细镶嵌。

镇纸：又称书镇，作压纸或压书之用，以保持纸、书面的平整。

水注：注水于砚面供研磨，多作圆壶、方壶、辟邪、蟾蜍、天鸡等形。

砚滴：又称水滴、书滴，贮存砚水供磨墨之用。

砚匣：又称砚盒，安置砚台之用，以紫檀、乌木为佳。

印章：用于钤在书法、绘画作品上有名号章、闲章，多以寿山石、青田石、昌化石制成。

印盒：又称印台、印色池，置放印泥。多为瓷、玉质。

笔掭：又称笔砚，用于验墨浓淡或理顺笔毫，常制成片状树叶形。

臂搁：又称秘阁、搁臂、腕枕，写字时为防墨玷污手，垫于臂下的用具。呈拱形，以竹制品为多。

诗筒：日常吟咏唱和书于诗笺后，可供插放的用具。多以竹制。

第五章

织绣、珐琅、象牙与钱币家具

寻觅历史的踪迹

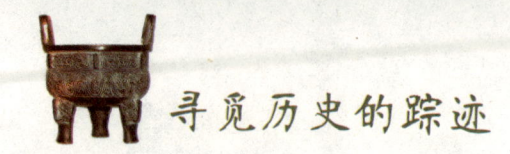

　　织绣，俗称"刺绣""绣花""扎花"，以针引彩色丝线在丝帛织等上穿刺造型构图，是中国优秀的工艺美术之一，有着悠久的历史传统。现在所能见到的最早的刺绣是殷商和西周时期的。珐琅，又称"佛郎""法蓝"，又称景泰蓝。在中国古代，由于珐琅器最初从大食国（阿拉伯国家的总称，有白衣大食、黑衣大食）传来，因此又称为"大食窑，鬼国窑"。有多种写法，如"佛郎嵌""鬼国嵌""法蓝""法郎""拂林""佛郎""富浪"等。狭义象牙是雄性象的獠牙，广义象牙可指其它动物，如猛犸象、河马、野猪、海象、鲸的獠牙或骨头，往往被加工成艺术品、首饰或珠宝。古钱币是种重要的收藏文物，古今中外遗留下来许多材质的古钱币。其中中国是世界上最早使用铸币的国家。距今三千年前殷商晚期墓葬出土了不少"无文铜贝"，为最原始的金属货币。西周晚期除贝币外还流通散铜块、铜锭等金属称量货币。家具是家庭用的器具，也叫家私，即家用杂物。家具有广义和狭义之分。广义的家具是指人类维持正常生活、从事生产实践和开展社会活动必不可少的一类器具。狭义家具是指在生活、工作或社会实践效中供人们坐、卧或支承与贮存物品的一类器具与设备。家具是某一国家或地域在某一历史时期社会生产力发展水平的标志，是某种生活方式的缩影。接下来，本章就来分别介绍诸如织绣、象牙、钱币、家具类文物。

第五章 织绣、珐琅、象牙与钱币家具

俊美亮丽的织绣

织绣，俗称"刺绣""绣花""扎花"，是以针引彩色丝线在丝帛织等上穿刺造型构图，是中国优秀的工艺美术之一，有着悠久的历史传统。据考古发掘的资料证明，刺绣始于东南地区新石器时代的良渚文化。此后，经过殷商的发展，春秋战国时期的织绣工艺，已具有较高的水平。现在所能见到的最早的刺绣属于殷商和西周时期。早在先秦文献中就有"黼衣绣裳""衮衣绣裳"等。目前所见最早的刺绣实物有战国长沙楚墓出土的凤纹绣残片，及长沙马王堆西汉墓出土的汉代刺绣实物。

织绣是中国优秀的民族传统工艺，织绣与养蚕、缫丝密不可分，所以织绣，又称丝绣。中国是世界上最早发现与使用蚕丝的国家，在四五千年前就已开始养蚕、缫丝。随着蚕丝的使用，丝织品的产生与发展，织绣工艺逐渐兴起。《尚

汉代刺绣

书》记载，四千前的章服制度，就规定"衣画而裳绣"。宋代时期崇尚织绣服装的风气，逐渐在民间广泛流行，促使了中国织绣工艺的发展。明代上海的露香园顾绣，是中国传统织绣工艺的集大成者。到了清代顾绣不仅名震海内，而且蜚声海外，顾绣也成为织绣的代称。下面我们就来简单回顾一下中国织绣的历史。

（1）先秦秦汉时期

1982年从湖北江陵马山一号楚墓中，出土了绣衾和禅衣，上面绣着龙、凤、虎和花卉等，形神兼备，绮丽多变。丝织品的品种有

寻觅历史的踪迹

绢、罗、纱、锦。花纹有几何纹、菱形纹、S形纹等，几何纹中还饰有龙凤、麒麟和人物。在大批的刺绣中，有绣衣、绣裤、绣袍等，线条流畅，技术高超。这证明春秋战国时期的刺绣已达到了较高的工艺水平。秦汉的织绣工艺，尤其是汉代，在继承战国传统的基础上，有着飞跃的发展。丝织品种更为丰富，有锦、绫、绮、罗、纱、绢、缟、纨等。汉代丝织的花纹有云气纹、动物纹、花卉纹、吉祥文字、各种几何纹。湖南长沙马王堆一号汉墓曾出土一件素纱禅衣，衣长128厘米，通袖长190厘米，只重49克，极为精巧。汉代刺绣的针法主要是辫绣，也称锁子绣，特点是针路整齐，绣线牢固。

（2）六朝隋唐时期

六朝时期的织锦，以四川生产的蜀锦为著名，是三国时魏国、吴国所争求的一种高级丝织品。六朝时期的织绣纹样，在继承汉代传统的基础上，有所发展变化，改变了汉代云气纹高低起伏的不规则变化的格式，构成了有规则的波状骨架，形成几何分割线，更加样式

化。唐代的织绣工艺十分发达，中央设有织染署专门管理生产，分工很细。民间织绣生产遍及全国。唐代织绣工艺追求华丽的色彩效果。以织锦最著名，称为"唐锦"。是用纬线起花，用二层或三层经线夹纬的织法，形成一种经畦纹组织。因此，区别于唐代以前汉魏六朝运用经线起花的传统织法，称汉锦为"经锦"，称唐锦为"纬锦"。唐锦在传统的图案花纹基础上吸收了外来的装饰纹样，有联珠纹、团窠纹、对称纹、散花等。唐代在男耕女织的社会制度下，女孩子都要学

素纱禅衣

习"女红"，都要掌握刺绣。如此渐渐形成"闺绣"。

（3）宋元时期

宋代的丝织在唐代的传统生产基础上，有新的发展。宋代的织

第五章 织绣、珐琅、象牙与钱币家具

锦称为宋锦，特点是采用小朵花，规矩纹，有八达晕、龟背纹、锁子纹、万字流水等，组织规则严整，色调沉静典雅。宋锦除作为服饰、赏赐外，还作为装裱书画的特用材料。缂丝是一种新兴的丝织品，又称刻丝、克丝、尅丝等。缂丝主要是织作绘画或书法，主要产地是定州、松江。宋代的刺绣针法精细，用色典雅，向欣赏品发展，成为后来的画绣。元代的丝织、毛织、棉织都得到发展。丝织中以织金最有特色，又称为"纳石失""纳失失"。金锦的花纹有团龙、团凤、宝相花、龟背纹、回纹等。毛织得到特殊发展，是由于适应蒙古游牧民族的生活需要，多作为地毯、床褥、马鞍、鞋帽等，以宁夏与和林为主要产地。棉织是元代发展起来的一种新兴工艺。棉纺织工艺家黄道婆作出了卓越贡献。当时松江的"乌泥泾被"成为著名产品。

（4）明清时期

明清时期的织绣工艺，丝织得到了较大发展。全国有江南、山西、四川、闽广等四个丝织产区，以江南为主要产地。织锦称为明锦，有三类品种，即库缎、织金银、妆花。库缎系本色花，具有光柔的特点；织金银是在织锦中织进金线或银线；最精巧的是妆花，用过管的织法，即每一花朵均用不同的色线，边织边绕，色彩多，花朵大。明锦的图案有团花、折枝、缠枝、几何纹等。缠枝是明锦的主要组织。明锦花纹有云龙凤鹤、花草鸟蝶、吉祥锦纹。明代刺绣工艺中以"顾绣"最有名。顾绣是一种画绣，所绣花卉、人物、翎毛、山

黄道婆

苗 绣

寻觅历史的踪迹

水，名噪一时。清代的丝织，南京、苏州、杭州形成全国生产中心，四川、广东等地区的丝织工艺也很兴盛。清代丝织早期承继明代传统特色，多用几何形骨架，小花小朵，规矩严谨；中期纹样繁缛，色彩华丽，有显著的欧洲巴洛克、罗可可艺术影响；晚期喜用折枝花、大朵花。清代丝织的著名品种有云锦、宋锦、蜀锦、古香缎、织锦缎。清代的刺绣已形成不同特色的地方体系，有苏绣、粤绣、蜀绣、湘绣、京绣等。此外，山东的鲁绣，河南的汴绣，浙江的瓯绣，贵州的苗绣等也是著名织绣。

文物百花园

苏绣粤绣蜀绣湘绣京绣

（1）苏绣是指以江苏苏州为中心所生产的刺绣。苏绣的艺术特点，是多用留水路的分色表现方法，所绣物象变化较大，富于装饰效果，用色和谐，秀丽典雅。

（2）粤绣是指广东地区的刺绣，特点是色彩强烈明艳，喜用金线，有富丽辉煌的效果。粤绣以广州、潮州为主要生产地区。潮州刺绣除用金线外，还多采用垫绣，绣品形象具有立体感。百鸟朝凤、海生动物是常见的刺绣题材。

（3）蜀绣的产地以四川成都为中心，特点是富于浓厚的民间色彩，淳朴自然，厚重工整。

（4）湘绣源于广大农村，擅长表现狮虎等动物，形象真实生动，富于写实的艺术效果。

（5）京绣是指清代以皇宫的需要所发展的一种刺绣，生产在北京及郊区，绣法精巧工整，多制佩饰小件，如荷包、扇袋、镜袋等。

第五章　织绣、珐琅、象牙与钱币家具

◆秀美的中国苏绣

苏绣发源于苏州，是四大名绣之一，已有2500年的历史。苏州女子性情柔和，心灵手巧，擅长慢针细活，有10多万绣娘，农村家家有刺绣，户户有绣娘。苏绣在苏州西部的镇湖、东渚、光福三大镇盛行。苏绣工艺是以绣针引彩线，按设计好的图案花纹和色彩，在尼龙、真丝、绸缎、棉布等面料上穿针引线，绣制成一幅幅形象逼真的艺术品。苏绣是我国著名的手工艺品，以精细雅洁驰名中外。苏绣的发源地在苏州吴县一带，现已遍部江苏无锡、常州、扬州、宿迁、东台等地。江苏盛产丝绸，自古就是锦绣之乡。据西汉刘向《说苑》记载，早在二千多年前的春秋时期，吴国已将刺绣用于服饰。三国时代，吴王孙权曾命赵达丞相之妹手绣《列国图》，绣出五岳、河海、城邑、行阵等图案。到了明代，江南成为丝织手工业中心。绘画艺术方面出现了以唐寅、沈周为代表的吴门画派，从而推动了刺绣的发展。刺绣艺人结合绘画作品进行制作，所绣佳作栩栩如生，笔墨韵味琳漓，有"以针作画""巧夺天工"之称。自此，苏绣刺绣在针法、色彩图案诸方面形成独自的艺术风格。

清代是苏绣的全盛时期。皇室的大量刺绣品，几乎全出于苏绣艺人之手。民间刺绣广泛用于服饰、戏衣、被面、枕袋帐幔、靠垫、鞋面、香包、扇袋。这些苏绣生活用品不仅针法多样、绣工精细、配色秀雅，而且图案花纹含有喜庆、长寿、吉祥之意，深受群众喜爱。还出现一种"画绣"，称为"闺阁绣"。此时名家有钱慧、曹墨琴、杨卯君、沈关关、丁佩、薛文华。光绪年间，技艺精湛的刺绣艺术家沈云芝闻名苏州绣坛，她新创

苏　绣

了"仿真绣"。光绪三十年（1904年）慈禧七十寿辰，沈云艺绣了佛像等八幅作品祝寿。她的作品《意大利皇后爱丽娜像》曾作为国家礼品赠送

寻觅历史的踪迹

给意大利,《耶稣像》1915年在美国举办的"巴拿马太平洋国际博览会"上获一等大奖。在沈云芝的倡导下,苏州、南通、丹阳、无锡、常熟等地分别举办了刺绣传习所、绣工科、绣工会等,培养了一代新人。其时著名艺人还有华基、唐义真、李佩黻、蔡群秀、张应秀、金静芬。20世纪30年代初,杨守玉始创了纵横交叉、长短不一、分层重叠的"乱针绣",提高了苏绣艺术的表现能力。由此而使得苏绣艺术蓬勃发展,渐入神境。

下面我们就来介绍苏绣的四大名家:

（1）沈氏织绣名家沈寿

沈寿,原名雪芝,字雪君,号雪宧,江苏吴县人。7岁开始拈针学艺,19岁时嫁给浙江山阴举人余觉为妻。夫妇相互学习,钻研画理、绣艺。1904年,慈禧太后七十寿辰,沈寿精心绣制"八仙庆寿"等八幅绣品,进呈慈禧,被称为神品,得赐"寿"字,从此沈雪芝改名沈寿。1904年,沈寿东渡日本,考察了美术教育、手工艺、刺绣以及素描、油画、摄影等,汲取了日本刺绣和欧美绘画艺术的长处,

沈云艺刺绣

尤其是注意到摄影艺术中阴阳层次的组成,特别讲究"求光"。她不断钻研,终于创出了"仿真绣"。她的仿真绣作品《意大利皇后爱丽娜像》《耶稣像》《美国演员倍克像》等,以独创的虚实表现完美的艺术效果。沈寿是和顾绣媲美的近代刺绣圣手。

（2）凌氏织绣名家凌杼

凌杼,江苏吴江县人,清末著名刺绣艺术家。她的作品继承明代顾绣传统,针法细腻,追求质感,山水、人物、花鸟皆精。凌杼所留存的山水绣较少,人物绣次之,花鸟绣最多。花鸟绣是凌杼所最擅长的,无论立轴大作或册页小品皆绣制精工,光薄匀洁,设色清丽淡雅。凌杼的山水绣和人物绣的技法特点是大量采用马鬃绣,即在绣人

第五章 织绣、珐琅、象牙与钱币家具

物的衣褶和山水的轮廓时,用丝线或马鬃勾衬,显示出画面的凹凸层次,给人以立体感。

（3）韩氏织绣名家韩希孟

韩希孟搜访宋元名迹,辛苦摹绣。韩希孟的刺绣构图简洁,层次分明,明暗过渡清晰合理,晕色自然,富有生活气息。韩希孟画、绣结合,灵活运用借色与补色的方法,常于关键处轻描几笔,浓淡相宜,渲染得法。

（4）顾氏织绣

顾绣,是指以顾名世一家的刺绣技法和风格为代表的刺绣品,明代嘉靖三十八年（1556年）开始著称。据徐蔚南《顾绣考》记载：

韩氏织绣名家韩希孟

"名世曾筑园于今九亩地露香园路,穿池得一石,有赵文敏手篆"露香园"三字,因以名园。故世称其家刺绣为露香园顾绣,或顾氏露香园绣,或简称为露香园绣。"顾绣的最大艺术特色在于所作无论山水、花鸟、人物等,皆能运用画理融合在绣技中,半绣半绘,绣画结合,相得益彰。

神秘性感的珐琅

珐琅,又称佛郎、法蓝、佛郎嵌、鬼国嵌、法郎、拂林、富浪、景泰蓝。珐琅的基本成分为石英、长石、硼砂、氟化物。中国古代将附着在陶或瓷胎表面的称"釉"；附着在建筑瓦件上的称"琉璃"；附着在金属表面上的称为"珐琅"。珐琅一词源于隋唐时古西域地名"拂菻"。当时东罗马帝国和西亚地中海沿岸诸地制造的搪瓷嵌釉工艺品,称拂菻嵌、佛郎嵌、佛朗机,简称拂菻。出现景泰蓝后,称为发蓝,后称珐琅。中国古代,珐琅器最初从大食国传来,大食为唐宋时代对阿拉伯国家的总称,有白衣大食（以叙利亚大马士革为首

寻觅历史的踪迹

都,称倭马亚王朝)、黑衣大食(以巴格达为首都,称阿拔斯王朝。910年以后又有以开罗为首都的法蒂玛王朝、塞尔柱工朝)之别。因此称为"大食窑,鬼国窑"。

珐琅器主要有两种,一是源自波斯的铜胎掐丝珐琅,蒙元时期传至中国,明代开始大量烧制,于景泰年间达到高峰,后世称为"景泰蓝"。另一种是来自欧洲的画珐琅工艺,清康熙年间传入中国。具体说来,掐丝珐琅器在明景泰、成

珐琅烟膏盒

化两朝最常见。清代乾隆时期的景泰蓝比起明代弘治、正德以后的绝不逊色。20世纪初,景泰蓝的名作有"老天利""德兴成"制作的景泰蓝。画珐琅则于十五世纪中叶由欧洲的佛朗德斯发明,十五世纪末法国的里摩居发展成画珐琅重镇。后来随着中西方贸易,传入国内。当时称谓"西洋珐琅"或"洋珐琅"。画珐琅技术传入中国后,在康、雍、乾三朝得以发展,在造型、釉色、纹饰、落款等方面各具特色。康熙时期的画珐琅器,釉色亮丽洁净,纹饰以写生花卉、图案式花卉为主;雍正年间的画珐琅器器型制作工整,黑釉光泽亮丽;乾隆年间的画珐琅器,装饰趋向稠密、细致的堆砌式,多了中西合璧的装饰方式,出现画珐琅与内填珐琅、掐丝珐琅相结合的现象。

15世纪后期至16世纪前期的掐丝珐琅特色有:番莲的花瓣增多、趋瘦且尖端成钩状,花心下方的花瓣松垂、并于上下出现云头纹或五瓣花形装饰,叶片变小并简化、或成逗点状;掐丝的末端卷成一小圆圈;有些釉料成半透明状,比前后期的釉色都要透而亮丽;釉层较早期的薄;云纹锦尚未规则化,行云纹与如意云头纹掺杂应用。另外,金属胎珐琅器依据制作过程中工艺的不同,分为掐丝珐琅器、錾胎珐琅器、内填珐琅(即嵌胎珐琅)、画珐琅器、透明珐琅器;根据胎地种类,珐琅器分为金胎珐琅、铜胎珐琅、瓷胎珐琅、玻璃胎珐琅、紫

第五章　织绣、珐琅、象牙与钱币家具

砂胎珐琅等。其中铜胎珐琅最为广泛。金胎在清康、雍、乾三代时，基本只限内府制作使用，数量极其有限。瓷胎珐琅，又称珐琅彩瓷，是在瓷胎上绘制的画珐琅，是瓷器与画珐琅工艺的完美结合。

著名的珐琅文物精品有：

（1）明景泰掐丝珐琅番莲纹盒

明景泰掐丝珐琅番莲纹盒，高6.3厘米，口径12.4厘米，铜胎，盖与器身铸成浮雕式八瓣莲花形，器外施浅蓝釉为地色，盖顶平坦饰莲心纹，盖壁与器身各莲瓣内饰以不同颜色的折枝番莲花叶，矮圈足；底及盒内光素镀金，盒心阴刻"大明景泰年制"自右向左一行楷书款。掐丝珐琅番莲纹盒是世界上现存少数大明景泰年间制作的珐琅器真品之一，堪称珐琅器物的经典。

（2）掐丝珐琅番莲纹龙耳炉

掐丝珐琅番莲纹龙耳炉，高8.2厘米，口径11.3厘米，铜胎，口稍侈，垂腹，外撇圈足，两侧附龙首耳，器形系仿商周青铜器中簋的形制。炉内口缘附近镀金余露胎，器表蓝釉地饰两圈转枝番莲纹，圈足饰覆莲瓣纹，圈足内壁两阶式，底镀金。器形仿自青铜器"簋"的形制。

（3）明景泰款掐丝珐琅鹿鹤长春花插

明景泰款掐丝珐琅鹿鹤长春花插，高18.9厘米，口径8.0厘米，铜胎，筒状器身，口套箍七孔盖，矮圈足下镶接三狻猊形足，器身一侧镶浮雕式镀金夔龙。器内露胎，器表浅蓝釉地掐丝竹鹤双清、芭蕉、双鹿、湖石、灵芝等纹饰，简化式云纹填白，器底镀金阴刻填黑"大明景泰年制"一行无框楷书伪款。掐丝珐琅鹿鹤长春花插，乃宫廷花器，以三只狻猊为足，狻猊抬头与器身浮雕的夔龙相呼应，极富动感与趣味性。

精雕细刻的象牙

象牙是大象上颚的门牙，质硬，色白，可雕塑工艺品。象牙有广义、狭义之分。其中狭义象牙仅指雄性象的獠牙，广义可指猛犸

寻觅历史的踪迹

植物象牙

象、河马、野猪、海象、鲸等动物的獠牙或骨头。牙齿和獠牙本是同样的物质。牙齿是特别的、用来咀嚼的结构；獠牙是伸长的，伸出嘴唇的牙齿，它们均从牙齿演化出来。象牙雕刻品主要由牙本质组成，是牙齿或獠牙的主要组成部分，无机部分主要是碳磷灰石。

中国的牙雕工艺，在商代时其工艺水平已很高，主要制作筷、杯。纹饰和青铜器的风格雷同。春秋时期，象牙除作生活用品外，还作剑鞘。到唐代，象牙的镂雕工艺达到很高水平。元代时在皇宫内成立牙雕加工部门。17世纪时，我国象牙雕刻水平极高，可以雕出多个层次的雕件。19世纪，我国牙雕工艺大量出口，雕刻题材主要有民俗、飞禽、走兽、花卉、童趣、神话、景物等。20世纪，象牙雕刻开始衰落，多用于制作实用小物，如镜框、麻将牌、把手、杯托、药称等。

从康熙时起，牙雕工匠不断创作、制造着象牙工艺作品。这些身怀绝技的匠师在遵照皇室的要求制作时，精心构图，避免广东牙刻繁复堆砌、刀锋毕现的缺陷；在牙雕中糅进画风和竹刻技巧，使作品较之北方浑朴简练的风格，则显得雍容精细；较之南派的繁复堆砌的雕刻工法，又显得清秀典雅、细致简洁。从而创造出异彩纷呈的大清牙雕文物，成为中国民间工艺的精品与妙品。

中国的牙雕工艺精品工艺主要有象牙球、象牙微雕。其中鬼斧神工的象牙球仿自石雕，形式为镂空雕花，专门用作观赏。象牙球交错重叠，玲珑精致，表面刻镂着各式浮雕花纹。球体从外到里，由大小数层空心球连续套成，外观看来只是一个球体，但层内有层。其中的每个球均能自由转动，且具同一圆

第五章　织绣、珐琅、象牙与钱币家具

心。里外每一套球均雕镂着精美繁复的百花、龙凤、山水、人物等纹饰。象牙球到清乾隆时期，有了更大发展。从开始的1层，至清乾隆时期发展到14层，清末达到25、28层，最多能刻至42层。由于刻镂内层球体很难，所以象牙球工艺被称为"鬼工球"。

象牙微雕在我国由来已久，在宋代已出现。从清代起象牙微雕涌现出许多微雕名家，其中以"南于北吴"的于硕、吴南愚最著名。于硕擅长盲刻法，即在肉眼看不清的情况下，全凭手感运刀雕刻而成，入刀有力，意在刀先，运刀如运笔，得心应手。吴南愚"能于五分方圆之象牙面上，刻字千余，具有帖气。非用放大之镜不可辨识，不知其何以为之"。近年来，象牙微刻作品成为精明投资者的目标。

古老的财富"钱币"

"钱币"是商品交换的产物。随着商品交换的发展，物物交换的过程太过死板，人们逐步发现市场上有某种商品，或是坚固耐用的青铜器，或是色彩斑斓的陶器，或者其它什么东西是大家愿意接受的，这样这种商品就成了原始实物形态的货币。最早出现的"钱币"是实物货币。比如游牧民族以牲畜、兽皮，农业民族以五谷、布帛、农具、陶器、海贝、珠玉等充当货币。我国新石器时代晚期遗址如半坡出土大量的陶罐，大汶口出土的大量猪头和下颚骨，即表明猪、陶器在原始社会后期曾起过货币的职能。后来由于充当实物货币的牛、羊、猪等牲畜不能分割，五谷会腐烂，珠玉太少，刀铲笨重，因而最后海贝成为实物货币。夏商遗址即

最早出现的"钱币"

寻觅历史的踪迹

出土过大量海贝，贝作为实物货币一直沿用到春秋时期。

我国是世界上最早使用铸币的国家。三千年前殷商晚期的墓葬即出土了"无文铜贝"，是最原始的金属货币。西周晚期还流通一些无一定形状的散铜块、铜锭等金属称量货币。那么我国古代主要有哪些东西充当过货币呢？下面我们就来介绍一些古老的"钱币"——贝币、金属货币、纸币。

（1）贝类货币

贝壳、贝币是我国使用时间最早、延续时间最长的实物货币，直到明朝末期和清朝初期，云南少数民族地区还在沿用这种货币。中国的文字中，许多与货币意义有关的字，如财、贵、贫、贱等，都是以贝字作为偏旁的。贝壳成为货币的原因有：本身有装饰品的功能；有天然的单位；坚固耐用；便于携带。古代使用贝币，用绳索将它们穿成一串。贝币最早的货币单位为"朋"，即十枚成一串，两串为一朋。

（2）金属货币

金属货币主要有青铜货币、秦半两钱、汉代五铢钱、唐代开元通宝、明朝白银等。自西周到春秋，由于青铜器制作技术不断提高，在交换、贸易的过程中，有些青铜生产工具如刀、铲、纱轮就成为货币。从春秋到战国时期，青铜制作的工具成为青铜货币，因太过笨重，交换太不方便。人们开始接受形似工具的青铜货币，如战国时期的布币、刀币、环钱。布币是仿农具铲类的金属铸币。最早的布币，完全保留着铲的形状。春秋时的晋国，战国时的赵、韩、魏等都使用布币。刀币是刀演变过来的，是当时的一种渔猎工具，流通于齐、燕等国。这是因为东部地区近海，人民多从事渔猎生活，所以用刀币为货币。环钱是圆形的，中间有一圆孔，

环 钱

第五章　织绣、珐琅、象牙与钱币家具

是由纺轮演变而来的。环钱大小不等，上面的文字有多有少，是秦国早期的货币。刀币、布币、环钱都是有形的金属货币，是从贝币等自然形态货币向金属铸币的过渡，具有承上启下的历史作用。

另外我国的金属货币还有：一是秦半两钱。秦始皇统一全国后，将秦国的币制推行于全国，以黄金为上币，单位为镒，即二十两，以铜钱为下币，即"半两"钱。日常的民间交易用"半两"钱，秦代"半两"钱的出现，标志着中国金属货币进入"重量名称"和"货币名称统一"的记重货币时期。二是汉代五铢钱。汉王朝建立以后，于武帝元狩五年（公元前118年）开始铸五铢钱。一直到隋唐，五铢钱才消亡。五铢钱是中国历史上使用得最久、最成功的钱币，是标准货币。三是唐代开元通宝。唐武德四年（621年）七月，废五铢钱，行开元通宝钱。"钱"从此成为重量单位，十钱一两的进位制由此诞生。"开元"通宝的"开元"是"开创新纪元"的意思；"通宝"是"在国内通行宝货"的意思。开元通宝

钱的问世，结束了以重量"五铢"命名铸币的传统，开创了通宝、元宝钱体系。至1916年"洪宪通宝"止，通宝、元宝钱体系沿用了近1300年，在世界货币史上罕见。四是明朝白银。随着商品经济的高涨，加上明中后期以来巨额贸易顺差，海外白银大量流入，白银成为主要法定货币，形成了以银为主，以钱为辅的钱、银并行的货币流通制度。银铸币有银两、银元两种。我国长期使用银两，是称量货币，有银饼、银锭、银元宝和零碎银子等各种形制，使用时要看成色、称重量。海外流入的白银多为银元，受到沿海各省的欢迎和广泛使用。鸦片战争后，各省纷纷铸造带龙图案的"龙洋"银元。

（3）纸币

北宋初年，商品经济有了较大发展，贸易随之增加，货币的需求量越来越大。当时市场上流行的货币是铜钱、白银和铁钱。由于非常笨重，携带使用不方便，于是宋真宗初年，四川成都的十六家富商联合印发了一种比金属币携带方便的纸币——"交子"。"交子"是四

寻觅历史的踪迹

交子

川方言，"子"是川语的尾音，"交"是相会、相合的意思，指两张券合起来，就可兑换现钱。"交子"是在一张小纸片上，印上房屋、树木和人物的图画，并作上暗号以防别人仿印。"交子"的出现，是我国使用纸币的开端，也是世界上最早的纸币，是我国货币史上的一大进步。

宋仁宗天圣元年（1023年），交子改由政府统一发行，每次发行的数额有限，用铁钱做后备金。宋徽宗崇宁四年（1105年），"交子"改名为"钱引"，用来代替贬值的"交子"。南宋时，交子改称"关子""会子"。元朝时将纸币作为主要货币推行，是中国历史上纸币流通空前兴盛的时期，也是世界上最早推行纯纸币流通的政权。元朝中统元年（1260年），第一次出现不兑换的纸币"中统宝钞"。公元1294年，这种"中统宝钞"传到波斯，并由波斯传到其他国家。明清时期，纸币与金属币同时使用。到了近代，纸币逐渐代替金属货币。

◆ 中国古钱币的发展概况

货币是商品交换的产物，最早出现的货币是实物货币。距今三千年前殷商晚期的墓葬出土了不少"无文铜贝"，为中国最原始的金属货币。西周晚期还流通称量货币。总之，原始社会后期至夏、商、周，主要货币是实物货币，流通较广的是天然贝。后期出现少量金属称量货币、铸币。总的来说，中国古代钱币萌于夏，源于殷商，发展于东周，统一于秦朝，钱币系统完整、丰富、博大，是任何一个国家都无法比拟的。钱币既是商品交换的手段，也是一种特殊的文化载体和精美的艺术品。钱币是一个国家历史发展的缩影。中国古钱币在漫长的过程中逐步形成了独具特色的东方钱币文化体系。

我们首先来简单回顾下我国

第五章　织绣、珐琅、象牙与钱币家具

钱币的历史。春秋战国时期，由于商品经济的迅速发展，开始出现形态各异的古钱，其形状大多模仿当时的生产工具或生活用具。秦始皇兼并六国后，统一了钱币政策，在全国推行外圆内方的半两钱，这是中国历史上的一次币制改革。半两钱铜币避免了以往钱文复杂难辨、大小各异、轻重不一、币值不明等弊病，为我国钱币发展史上的里程碑，标志着外圆内方的钱币在形制上从此固定下来。汉代商业活动繁荣，钱币制度也有重大改革。汉武帝元狩五年开始铸造五铢钱，其大小、形制一直到隋代还继续沿用。从唐高祖武德四年开始铸开元通宝钱，废掉了铢两制，开始出现宝文钱，宝文钱的出现是有一种信用货币，标志着中国钱币自秦始皇统一货币后的第二次钱币革命。到了宋代，铜、铁钱并用，铸钱数量相当可观，共有四五十种年号钱。南宋淳熙七年铸行的淳熙通宝，钱背上有"柒"字纪年，至淳熙九年后改成小写，这就是所谓的纪年钱。这种钱币纪年制度一直沿用到宋末，是宋钱的一大特征，比欧洲钱币纪

半两钱

年要早300多年。元朝和明朝时期主要推行纸币，铜钱铸造较少。明中叶以后，白银成为主要货币，铜钱仅用于小额支付。清光绪年间，两广总督张之洞吸收西方铸币的先进技术，在广州筹建造币厂，率先开创机器制币，实施了中国钱币史上的第三次革命。从此，机制币全面进入我国货币领域。

中国古钱币与西方货币的区别之一是中国古钱版面以钱文为主，流通币极少有图案为主的，而西方货币则以动植物，人象等图案为主。接下来我们就来仔细说一说中国古代钱币的详情，说一说我国古钱币的纲钱、目钱。

纲钱是指国家或地方政权法定发行的一类钱币。由一种纲钱的不同版别派生出"目钱"。以纲钱为线索可了解货币沿革史；以目钱

寻觅历史的踪迹

为线索可涉足古钱币鉴赏与考古。纲钱、目钱共同构成钱币的系统。纲钱从秦汉到明清分两大阶段。第一阶段是秦汉与隋唐，以铜铸币为主，是以秦"半两钱"和汉"五铢钱"为主干的阶段。第二阶段唐宋到明清，除铸币出现年号，宝文体系有别于前铢两体系外，还出现纸币与银本位体系。具体来说即是：

（1）春秋战国时期，随着商品经济发展，使在流通中要分割、鉴定成色的金属称量货币逐步不适应，因而被金属铸币取代。

从春秋到战国，已确立布币、

蚁鼻钱

刀货、蚁鼻钱、环钱四大货币体系。中原地区即赵、韩、魏三国和周王室等地，主要流行布币。春秋的布币主要是空首布即有装柄的空心铲。战国时期的布币主要是平首布，即已无装柄中空的銎，而形似铲状铜片。布币形制大致分平肩、耸肩、圆肩、方足、尖足、圆足等类别。东方的齐国和北方的燕国主要使用刀币，分"燕明刀"和"齐刀化"。由于齐刀面有"化"字文，又称"刀化"。刀币的刀背分弧背、折背、直背，刀首有平首、尖首之分。秦国独用环币，形制由纺轮或玉璧演化而来，分圆形圆孔、圆形方孔两种。较早铸行的是圆形圆孔，秦惠文王、秦始皇铸圆形方孔"半两"钱。楚国铸币使用蚁鼻钱，蚁鼻即小钱的意思，俗称"鬼脸钱""蚁鼻钱"。由贝币演化而来，钱文形似鬼脸。楚国除蚁鼻钱外，还有黄金称量货币，是战国唯一以黄金为流通货币的国家。总之，春秋战国时期出现的四大货币体系分别由刀、铲、纺轮等劳动生产工具演化而来，同时形成四大货币区也是诸侯割据的产物。

（2）秦汉"半两钱"

秦统一六国后，秦始皇在统一文字、度量衡的同时，统一了货币。规定以"黄金"为上币，以镒（20两）为单位，以圆形方孔铜钱为下币，以半两为单位。钱文"半

第五章　织绣、珐琅、象牙与钱币家具

"两"与实重相符,这种方孔圆钱从此成为中国货币的主要形式,沿用二千多年。方孔圆钱便于携带,是世界上最早由政府法定的货币。一般说来,战国"半两钱"的"半两"为大篆,秦朝"半两"为小篆。秦朝之后的钱文大都出自达官贵人或书法名家之手。宋朝还出现皇帝御书钱。秦半两钱价值很高。

(3) 汉"五铢钱"

汉武帝首创"五铢钱"。武帝即位后急需开辟财源。同时郡国自由铸钱,造成币制混乱,物价上涨,威胁中央财政。于是汉武帝公元前118年下令废除汉初郡国制币权,改由中央统一铸币。设"上林三官"即钟官(掌铸钱)、辨铜(掌原料)、均输(掌制范),组成中央铸币机构负责铸造五铢钱。因而"五铢钱",也称上林钱、三官钱。五铢钱改变了货币混乱现象,有利于中央集权和经济发展。从汉武帝起,经历西汉、新莽、东汉、魏晋、南北朝、隋唐,"五铢钱"一直为历朝法定货币。"五铢"的方孔圆钱还影响日本、安南、朝鲜等国的货币。

(4) 新莽币制

西汉晚期,王莽建新朝,滥发货币。"大泉五十"是王莽上台后为解决经济危机而铸行的一种大钱。"泉"是"钱"字的借用。王莽讳忌"刘"字,因刘字由卯、金、刀三字组成,故钱文中不用"金"字而用"泉"。一枚"大泉五十"重量只及西汉五铢钱重量的二个半,却要当五十个五铢钱用。这意味着每发行一枚大钱就要从百姓手中夺走四十七个半五铢钱财富,这必然引起人民不满,于是民

五铢钱

间仍用五铢钱交易。此外还有一种大钱名"刀平五千",即一枚大钱当五千个五铢钱。同时为防盗铸私钱,还创造了一种新币形,即把古代刀币和圆钱结合,创造出世界上第一枚双色金属钱币。后来东汉恢

寻觅历史的踪迹

复西汉的五铢钱制度,东汉末年董卓铸小钱,又引起货币制度混乱。

（5）六朝五铢钱与隋"五铢钱"

魏晋南北朝是分裂时期,战争频繁,政局动荡,社会经济遭破坏。为了省铜,五铢钱越做越小,有"鹅眼""鸡目"之称。钱币界把这一时期五铢钱统称为"六朝五铢"。六朝即三国吴、东晋、南朝宋、齐、梁、陈六个朝代。这一时期五铢钱铸造粗劣、钱文革率、笔画不全。而魏晋南北朝之北魏的

开元通宝

"太和五铢""永安五铢",质量上乘。隋代隋文帝铸造"开皇五铢",结束了汉末以来三百多年钱制庞杂局面,是最后一个使用五铢钱的朝代。

（6）唐朝开元通宝

唐朝起,方孔圆钱由铢两体系转变为以"文"为单位的年号、宝文体系,沿革至清朝,这是货币发展的第二阶段。唐高祖武德年间621年铸行"开元通宝"钱,结束了秦汉以来以重量铢两定名的钱币体系。"开元通宝"开创十进位制,每枚重二铢四,为一文钱,积十文钱重一两,"以钱代铢"。唐代以"文"计数,以钱两为重量单位的宝文钱体系沿袭到清朝,历时千年。另外唐高祖铸行的"开元通宝"由书法家欧阳间所书,誉为"书法币"。安史之乱后,唐肃宗铸造"乾元重宝"。是最早称"重宝"的钱。晚唐唐武宗铸"会昌开元"钱。

（7）两宋"年号钱""御书币"与"纸币"

五代十国军阀割据,政权林立,货币五花八门。币材除铜外还有锡、铁。两宋到明清除铜铸币外,还产生了纸币与银两。两宋的铜铸币以采用年号为显著特点。年号首创于汉武帝,"年号钱"始于十六国时四川成都李寿的"汉兴

第五章 织绣、珐琅、象牙与钱币家具

钱"。最后一枚年号钱为袁世凯的"洪宪铜元"。两宋时期少见铜钱而出现铁钱，而且产生世界上最早出现的纸币。北宋的纸币主要有交子，南宋有会子、关子。另外，宋朝流行书币——对文钱。宋神宗元丰年间所铸元丰钱有篆、隶、楷、草四种书体，其中苏东坡手笔的称"东坡元丰"。司马光和苏东坡用篆、行写过的"元祐通宝"。擅长书法的皇帝也在钱文上一展身手。由皇帝书写的"御书钱"有宋太宗赵炅、宋徽宗赵佶。与此同时，辽、宋、西夏等北方少数民族政权除使用唐宋所铸铜币外，也发行纸钞与民族文字的铜铸币。

（8）元明币制

元代曾铸行过少量铜钱，但货币主要流通纸币。元代的纸币称为钞。钞原不许挪用，发行量有严格限制。但元末靠滥发纸币来弥补，引起物价飞涨。明朝由纸币转以银为主，以钱为辅的体系。明初朱元璋推行纸币政策，发行"大明宝钞"与铜钱并用。明嘉靖年后，宝钞已不能通行，民间主要用白银和铜钱。银量被铸为一定标准的银锭从元朝开始，从元朝至元年间开始，银锭自名"元宝"，这是中国称银锭为"元宝"的开始。同时民间流行铜制钱，质材由青铜转黄铜，铸行以年号为号的通宝钱。

（9）清代币制

清代铜钱沿用明朝的制度，主要铸行小平钱。清代铜钱中以咸丰钱最复杂，钱文有通宝、重宝和元宝之分，面值不同，钱局不同。清初以银锭为主币，

大明通行宝钞壹贯版

征税一两以上必须收银。清朝后期银锭开始向银元转化。明朝中叶起，各种外国银元开始在中国流行。清末开始铸造银元。中国最早的机制洋式银元为光绪年间的"光绪元宝"，俗称"龙洋"，因银元背面一般铸有龙纹而得名。同时出现机制铜元，又称"铜板"。清代发行的纸币品种复杂，有官钞和私

寻觅历史的踪迹

钞之分，官钞由官府金融机构发行，私钞由民间金融机构发行。纸钞又分铜钱票（可兑换方孔铜钱）、铜元票（可兑换铜元）、银两票（可兑换白银）、银元票（可兑换银元）四种。总之，清代时，纸币与白银货币地位日益提高。

文物百花园

鉴定古钱币价值的方法

鉴定古钱币价值需"四看"：

（1）一看历史价值。珍稀古钱币是货币历史的实物，因此在收藏前必须弄清它在历史上的地位。如"成都交子"和"十文中统元宝交钞"是我国迄今发现的最早纸币，被视为无价之宝；吉林的"广平银币"是我国第一枚机制币。尤其是短命王朝或农民起义时的铸币，由于流通时间短，发行量少，多是珍品。

（2）二看现存数量。诸如齐、燕、赵等的刀币，韩、魏、秦等的布币，比圆形钱稀少，价格昂贵。存世数量少的钱币还有唐代史思明占领洛阳后铸的"得壹元宝"，后改为"顺天通宝"。这两种钱币传世很少，"得壹元宝"为稀世珍品。

（3）三看文化价值。如汉代王莽新朝时的"货泉""布泉"，用的是垂针篆；北宋仁宗时的九叠篆书体"泉体通宝"，是中国最早的美术字，均为珍品。

得壹元宝

第五章　织绣、珐琅、象牙与钱币家具

（4）四看品相。古钱币凡有币面模糊、轮廓缺损、锈蚀严重、看相较差，尽量不要收藏。古钱币还应注意是否有月纹、星纹等标识，古钱的鉴别以背文来区分铸造年代和地址，品评其稀珍。一般来说，钱币背面有月纹、星纹等记号的要比背部光面的更有收藏价值。另外用金、银、白铜等制成的宫廷钱币，更是珍贵文物。

卧榻之宝——家具

家具是家庭用的器具，又叫家私。家具有广义和狭义之分，广义家具是指人类维持正常生活、从事生产实践和开展社会活动必不可少的一类器具；狭义家具是指在生活、工作或社会实践效中，供人们坐、卧或支承、贮存物品的一类器具。家具是一种普及的大众艺术，既有某些特定的用途，又有满足供人们观赏的功能。家具的类型、数量、功能、形式、风格和制作水平，反映了一个国家与地区在某一历史时期的社会生活方式，以及历史文化特征。家具也是某一国家或地域的某种生活方式的缩影。

家具发展至今，已形成风格多样、品种完备、档次齐全的大市场格局。家具按风格，分为现代家具、欧式古典家具、美式家具、中式古典家具（红木家具）、新古典系列家具等；按所用材料，分为实木家具、板式家具、软体家具、藤编家具、竹编家具、钢木家具和其他人造材材料家具（如玻璃家具、大理石家具）；按功能，分为客厅家具、卧室家具、书房家具、厨房家具、辅助家具；按档次，分为高档、中高档、中档、中低档、低档；按产品的产地，分为进口家具、国产家具。国际家具品牌有北欧风情、达芬奇、芙莱莎、富克拉等；国内家具品牌有大风范、国森、雄族、曲美和标致。另外家具还有软体家具，主要指沙发、床类

寻觅历史的踪迹

家具。其中，沙发分为美式沙发（最大的魅力是非常松软舒适）、日式沙发（最大特点是成栅栏状的小扶手和矮小的设计）、中式沙发（特点在于整个裸露在外的实木框架）、欧式沙发（大多色彩清雅、线条简洁，流行白米、米色）。沙发根据用料分为布艺沙发、皮沙发、皮配布沙发等。床，常见的有床组和床垫，现在的床垫主要组成是弹簧、海绵和外包面料。

家具的材料中，红木家具是实木家具的一种，所谓红木家具主要是指用紫檀木、酸枝木、乌木、瘿木、花梨木、鸡翅木制成的家具，除此之外的木材制作家具都不能称为红木家具。紫檀木是红木中的极品。其木质坚硬，色泽紫黑、凝重、手感沉重。年轮成纹丝状，纹理纤细，有不规划蟹爪纹。紫檀木分老紫檀木和新紫檀木。老紫檀木呈紫黑色，浸水不掉色，新紫檀木呈褐红色、暗红色或深紫色，浸水会掉色。酸枝木俗称老红木。木质坚硬沉重，能沉于水中，呈柠檬红色、深紫红色、紫黑色条纹，加工时散发出一种带有酸味的辛香。乌木颜色乌黑发亮，有油脂感。瘿木是树木形成瘿瘤后的木材，分为桦木瘿、楠木瘿、花梨木瘿、酸枝木瘿。瘿木的纹理曲线错落，美观别致致，是最好的装饰材料。花梨木又称香红木，木质坚硬，色呈赤黄或红紫，纹理呈雨线状，色泽柔和，重量较轻，能浮于水中。鸡翅木木质坚硬，颜色分为黑、白、紫三种，形似鸡翅羽毛状，色彩艳丽明快。黑胡桃木产自北美和欧洲。呈浅黑褐色带紫色，

红木家具

第五章 织绣、珐琅、象牙与钱币家具

弦切面为美丽的大抛物线花纹（大山纹）。樱桃木主要产自欧洲和北美，木材浅黄褐色，纹理雅致，弦切面为中等的抛物线花纹，间有小圈纹。榉木色泽明亮浅黄，有密集的"针"（木射线），旋切有山纹。枫木色泽浅黄，有小山纹，最大特征是有"影"。桦木色泽浅黄，特征是多"水线"（黑线）。

家具中的中国古典明代家具的特色有：普遍采用较硬质的树种制作各式硬木家具；不加油漆罩染，充分体现木材原有的纹理和色泽；采用木构架的结构，注意家具的造型。明清家具分为京作、苏作和广作。京作指北京地区制作的家具，以紫檀、黄花梨和红木等硬木家具为主，形成豪华气派的特点。重蜡工，结构用鳔、镂空。苏作指苏州地区制作的家具，以苏州为中心的江南地区，是明式家具的发源地，以明式黄花梨家具驰名。特点是造型轻巧雅丽，装饰常用小面积的浮雕、线刻、嵌木、嵌石等手法，喜用草龙、方花纹、灵芝纹、色草纹等图案。精巧简单，不求装饰。广作指广州地区制作的家具，特点是用料粗壮，造型厚重。明式家具讲究选料，多用红木、紫檀、花梨、鸡翅木、铁梨等硬木，有的也用楠木、榆木、樟木及其它硬杂木，其中黄花梨木效果最好。注重雕刻装饰，

欧式古典风格家具

追求华丽。

在国外，欧式古典风格家具的绒条部位饰以金线、金边，与墙壁纸、地毯、窗帘、床罩、帷幔的图案以及装饰画或物件匹配。这种风格的特点是华丽、高雅。北欧风格家具主要指丹麦、瑞典、挪威、芬兰四国家居。北欧家居回归自然，崇尚原木韵味。美式家具风格特别

寻觅历史的踪迹

强调舒适、气派、实用和多功能，分为仿古、新古典和乡村式风格，崇尚怀旧、浪漫。另外还有后现代风格家具，主张兼容并蓄，无论古今中外，凡能满足居住生活所需的都加以采用。室内设计常利用设置隔墙、屏风、柱子或壁炉的手法来制造空间的层次感，使居室在不规划、界限含糊的空间，利用细柱、隔墙形成空间层次的不尽感和深远感。现代风格家具款式比较现代、

板式家具

简约，颜色和款式盛行流行色。

家具还有实木家具、板式家具、藤艺家具。实木家具是指由天然木材制成的家具，表面一般都能看到木材美丽的花纹。实木家具分为纯实木家具（家具的所有用材都是实木，包括桌面、衣柜的门板、侧板等）、仿实木家具（从外观上看是实木家具，木材的自然纹理、手感及色泽都和实木家具一模一样，但实际上是实木和人造板混用的家具，即侧板顶、底、搁板等部件用薄木贴面的刨花板或中密度板纤维板）。实木多用于用料教少的品种和局部，而且贵重木材很少使用实木。例如实木餐椅比较常见，但一般是中高档的用进口榉木，中档的用枫木、桦木、国产榉木，低档的用橡胶木等。橡胶木，原色为浅黄褐色，有杂乱的小射线，材质轻软，是低档实木用材。其它如松木、杉木、柞木等，皆属比较低档的家具用材。一般说来，实木的木纹、木射线清晰可见，或多或少有一些自然瑕疵（木节、木斑等、黑线等）；木皮的木纹、木射线清晰。同样应有自然瑕疵。

板式家具是指以人造板为主要基材、以板件为基本结构的拆装组合式家具。常见的人造板材有胶合板、细木工板、刨花板、中纤板

第五章　织绣、珐琅、象牙与钱币家具

等。板式家具常见的饰面材料有薄木（俗称贴木皮）、木纹纸（俗称贴纸）、PVC胶板、聚脂漆面（俗称烤漆）等。而家具中的藤制家具可细化成卧房、客厅、庭园三大系列，更多强调的是艺术性。目前藤艺家具分为室外家具（如花园、游廊边摆设的小圆桌、靠背椅、躺椅等）、客厅家具（是藤艺家具中最为完美、最具风格的）、餐厅家具）、藤艺小摆件（如藤艺台灯）。在颜色方面，现代藤艺家具有银灰色、古铜色、红棕色、墨绿色。更多的漆以透明色。国内最知名的藤器品牌有艺藤居、名藤轩、翡翠藤器。

文物百花园

家具的材料、结构、外观和功能

一般说来，家具由材料、结构、外观形式和功能四种因素组成，其中功能是推动家具发展的动力；结构是实现功能的基础。下面我们就来说一说家具的材料、结构、外观形式和功能。

（1）材料。是构成家具的物质基础，除常用的木材、金属、塑料外，还有藤、竹、玻璃、橡胶、织物、装饰板、皮革、海绵等。家具材料的应用主要考虑：加工工艺性，比如在加工过程中，要考虑到材料受水分的影响而产生的缩胀、各向异裂变性及多孔性等；质地和外观质量，比如木材纹理自然、美观，形象逼真，手感好，易于加工、着色，是生产家具的上等材料；经济性。家具材料的经济性包括材料的价格、材料的加工劳动消耗、材料的利用率及材料来源的丰富性；强度，要考虑握着力、抗劈性能及弹性模量；表面装饰性能。表面装饰性能是指对其进行涂饰、胶贴、雕刻、着色、烫、烙等装饰的可行性。

寻觅历史的踪迹

家 具

（2）结构。是指家具所使用的材料和构件之间的一定组合与联接方式，是依据一定的使用功能而组成的一种结构系统。结构包括家具的内在结构和外在结构。内在结构是指家具零部件间的某种结合方式，取决于材料的变化和科学技术的发展，如金属家具、塑料家具、藤家具、木家具等都有自己的结构特点。家具的外在结构直接与使用者相接触，是外观造型的直接反映，因此在尺度、比例和形状上都必须与使用者相适应，按这种要求设计的外在结构，为家具的审美奠定基础。

（3）外观形式。家具的外观形式直接展现在使用者面前，是功能和结构的直观表现。家具的外观依附于其结构，特别是外在结构。家具的外观形式能发挥审美功能，产生一定的情调氛围，形成一定的艺术效果，给人以美的享受。

（4）功能。任何一件家具都是为了一定的目的而设计制作。因此功能构成了家具的中心环节。在进行家具设计时，首先应从功能的角度出发，对设计对象进行分析，由此来决定材料结构和外观形式。一般而言，家具的功能包括技术功能、经济功能、使用功能与审美功能。

◆中国古代家具概况

我国家具历史悠久，早在三千多年前的商代，已有精美的青铜和石制家具。宋元以后，我国家具艺术已经发展成为高度科学性、艺术性、实用性相结合的生活用具。中国古家具分几、俎、席、斧依、禁五类。其中，供人依靠为几，供人载牲和承放食物为俎，坐具为席，屏风为斧依，箱柜为禁。"几"传

第五章 织绣、珐琅、象牙与钱币家具

说在黄帝轩辕时即已出现,古代的"五几"乃指左右玉几、雕几、彤几、漆几、素几五种。"俎",是祭祀之具,是"案"的前身。"俎"的最早形制为虞时的"木完俎",据《三礼图》绘,"长二尺四寸,广一尺二寸,高一尺",样子像今天四条腿的长方形桌。席是我国最古老的坐具之一。起初是作为防虫防潮,日夜坐卧的用具。周朝时,天子、诸侯朝觐、祭天、祭祖的重大政治活动以及士庶婚丧、讲学、日常起居等都要在席上进行。周朝时设五席即"莞、缫、次、蒲、熊"。莞席用一种俗称水葱的莞草制作;缫席以蒲草染色编成花纹,或以五彩丝线夹于蒲草之中编成五彩花纹席;次席用桃枝竹编成竹席;蒲席由一种生于池塘的水草编成;熊席则是天子四时狩猎或出征时专用,除熊皮外也可用其它兽皮。斧依即屏风,周朝时是天子专用的家具,是周天子权力和地位的象征。禁与木于,都是陈馔之器具。"禁"长方形,同台案,有足。木于形如方盘,下有两杠,无足。二者是大夫和士喝酒的用具。

俎

另外,佛教对中国家具文化有深厚的影响。今天使用的许多家具,是随着佛教传播到中国来的。从东汉到南北朝,大量天竺国高型家具进入汉地,华夏民族席地而坐的起居方式受到严重冲击;从南北朝后期到唐初"贞观之治",佛教文化渗透到人们生活中,高型家具普遍被接受。诸如绳床(即椅子。随佛教一同进入汉地,有搭脑、扶手、靠背、脚踏之称)、墩(即佛座,就是菩萨的坐具,有方形、圆形、腰鼓形;有三重、五重、七重。装饰有壶门、开光、莲花图案,属印度犍陀罗风格)、胡床(一种便携式坐具,来自西北游牧民族。由八根板条构成,两根横撑在上,用绳穿成座面;两根下撑为足,中间各两根相交叉支撑,相交处以卯钉穿心为轴)、方凳(即脚

寻觅历史的踪迹

踏,在汉时是登上床榻的脚垫,是从古天竺国传过来,有方凳、长凳、月牙凳)等等,均与佛教关系密切。

总之,中国古代家具源远流长,自成体系,具有强烈的民族风

扶手椅

格,分为笨拙的商周家具、浪漫的春秋战国秦汉矮型家具、婉雅的魏晋南北朝家具、华丽的隋唐五代家具、简洁的宋元家具、精美的明清家具。明清家具将我国古代家具推上鼎盛时期。下面我们就来回顾下中国古代家具的发展概况。

(1)魏晋南北朝与隋唐五代时期家具

魏晋南北朝是民族大融合时期,各民族之间文化、经济的交流对家具的发展起了促进作用。此时出现的家具主要有扶手椅、束腰圆凳、方凳、圆案、长几、橱,以及笥、篦(箱)等竹藤家具。床已明显增高,可以跂床垂足,并加了床顶、床帐和可拆卸的多折多牒围屏。坐类家具品种的增多,促进了家具向高型的发展。至唐代,家具进入崭新时期,形成流畅柔美、雍容华贵的唐式家具风格。五代时的家具造型简洁无华,朴实大方,为宋式家具风格的形成树立了典范。总的说来,隋唐五代的家具有两个特点:一是家具进一步向高型发展,坐类家具品种增多,出现桌具。二是家具向成套化发展,种类增多,主要有坐卧类家具凳、椅、墩、床、榻等;凭椅、承物家具几、案、桌等;贮藏类家具柜、箱、笥等;架具类家具衣架、巾架;其他还有屏风等。

(2)宋元时期的家具

宋代是中国家具承前启后的发展时期,宋代家具以造型淳朴纤秀、结构合理精细为主要特征。宋代家具种类主要有开光鼓墩、交椅、高几、琴桌、炕桌、盆架、座地檠(落地灯架)、带抽屉的桌子、镜台等,还出现了中国最早的

第五章　织绣、珐琅、象牙与钱币家具

组合家具——燕几。主要的发展成就有：一是垂足而坐的椅、凳等高脚坐具普及民间，结束了几千年来席地坐的习俗；二是家具结构确立了以框架结构为基本形式；三是家具在室内的布置有了一定的格局；四是在结构上，壶门结构已被框架结构所代替。家具腿型断面多呈圆形或方形，构件之间大量采用割角榫、闭口不贯通榫等。柜、桌等较大的平面构件，常采用攒边的做法，即将薄心板贯以穿带嵌入四边边框中，四角用割角榫攒起来，不但可控制木材的收缩，而且还起到装饰作用；五是宋代家具重视外形尺寸和结构与人体的关系，工艺严谨，造型优美，使用方便。总之，绝大部分宋代家具都呈现出一种极其简约的结构，形态上表现出极其素雅的装饰风格，体现宋人以节俭、简洁的审美观念。简约、工整、文雅、清秀是宋代家具的主体风格。蒙古族创建的大元帝国，使得游牧民族的生活方式和喜好，对宋式家具造成了冲击和改造。元代家具较多地继承了辽金家具的风格，主要特点有：罗锅枨的成熟；展腿式桌与霸王枨的出现；喜用曲线造型；倭角线型的大量应用；云头转珠图案的盛行；较大的形体尺度；雄丽的雕刻风格。总的来说，元代家具形体厚重，造型饱满多曲，雕饰繁复，多用云头、转珠、倭角等线型作装饰，出现罗锅枨、展腿式等造型。

（3）明代的家具

明代家具成了流通商品，许多文人都参与到室内设计、家具造型研究之中。这些都促成了明代家具的大发展。明代家具有广义、狭义

明式家具

之分，广义不仅包括凡是制于明代的家具，也包括近现代制品，只要是明代风格，均可称明式家具。狭义则指明代至清早期的家具。明式家具，造型求雅避俗，结构巧妙合理，充分利用木材的自然纹理，具有天然质朴的韵味。明式家具制作

寻觅历史的踪迹

工艺精细合理，以精密巧妙的榫卯结合部件，大平板则以攒边方法嵌入边框槽内，坚实牢固；装饰以素面为主，局部饰以小面积漆雕或透雕，家具线条雄劲而流利；家具整体的长、宽和高，整体与局部，局部与局部的比例都非常适宜。

明代家具不仅种类齐全，款式繁多，而且用材考究，造型朴实大方，制作严谨准确，结构合理规范，把中国古代家具推向顶峰。明式家具的产地主要有北京皇家的"御用监"，民间生产中心——苏州与广州。明式家具的品种主要有凳椅类、几案类、橱柜类、床塌类、台架类等，此外有围屏、插屏、落地屏风等。明式家具多用花梨、紫檀、鸡翅木、铁力木等硬木，还有楠木、樟木、胡桃木、榆木及其它硬杂木，其中以黄花梨最好。另外明代还出现了由官方组织学者编汇的《鲁班经》，是我国家具设计的伟大著作，是对中国历代建筑与家具设计精华的总结，系统辑录了自春秋战国、秦汉魏晋、南北朝、隋唐宋元等历代工匠大师和文人的家具设计。书中介绍了杌凳、交椅、学士灯椅、板凳、禅椅、琴凳、脚凳、桌、一字桌、圆桌、折桌、案桌、方桌、琴桌、棋盘桌、八仙桌、大床、凉床、藤床、禅床、橱、柜、箱、屏、香几、镜架、花架等的尺寸、卯榫结构、线脚、装饰等。

（4）清代的家具

明清两代家具工艺高度发展，形成了各具特色的时代风格，"明式家具"和"清式家具"已成为中国古典家具界的文化名词。明及清早期家具之所以能有很高的成就，除了继承宋代的优良传统外，还有两个重要原因：一是社会稳定，经济繁荣，城镇兴起，增加了家具的需求；二是海禁开放，大量

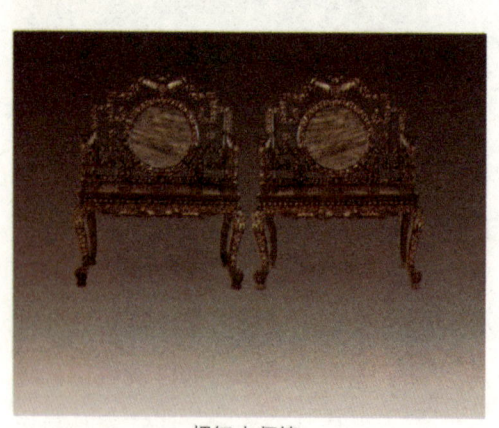

螺钿太师椅

第五章 织绣、珐琅、象牙与钱币家具

输入硬木，如黄花梨、紫檀、鸡翅木、铁梨木、榉木、瘿木等珍稀木材，从而为家具提供了重要选料。清代家具多结合厅堂、卧室、书斋等不同居室进行设计，分类详尽，功能明确。主要特征是造型庄重，雕饰繁重，体量宽大，气度宏伟，脱离了宋、明以来家具秀丽实用的淳朴气质。清代家具以雍、乾为鼎盛时期，这一时期的家具品种多，式样广，工艺水平高，最富"清式"风格。在装饰上，这一时期力求华丽，使用金、银、玉石、珊瑚、象牙、珐琅器、百宝镶嵌等不同质材，追求富丽堂皇。北京故宫太和殿陈列的剔红云龙立柜，沈阳故宫博物院收藏的螺钿太师椅、古币蝇纹方桌、紫檀卷书琴桌、螺钿梳妆台、五屏螺钿榻等，均为清代家具的精粹。

清代家具工于用榫，不求表面装饰。清代家具的装饰方法有木雕和镶嵌。木雕分为线雕（阳刻、阴刻）、浅浮雕、深浮雕、透雕、圆雕、漆雕（剔犀、剔红）；镶嵌有螺钿、木、石、骨、竹、象牙、玉石、珐琅、玻璃及镶金、银，装金属饰件等。清代家具装饰图案多用象征吉祥如意、多子多福、延年益寿、官运亨通之类的花草、人物、鸟兽等。家具构件特别是脚型变化最多，除方直腿、圆柱腿、方圆腿外，又有三弯如意腿、竹节腿等；腿的中端或束腰或无束腰，或加凸出的雕刻花形、兽首；足端有兽爪、马蹄、卷叶、踏珠、内翻、镶铜套等。清代家具种类主要有坐卧类家具太师椅、扶手椅、圈椅、躺椅、交椅、连椅、凳、杌、交杌、墩、床、榻，凭倚承物类家具圆桌、半圆桌、方桌、琴桌、炕桌、书桌、梳妆桌、条几（案）、供桌（案）、花几、茶几，贮藏类家具博古柜架、架格、闷心橱、书柜、箱等。其他家具还有座屏、围屏、灯架等。

清代家具作坊多汇集沿海各地，以扬州、冀州、惠州为主，形成全国三大制作中心，产品分别称为苏作、京作、广作。其中，京作清代家具重蜡工，以弓镂空，长于用鳔；广作清代家具重雕工，讲求雕刻装饰。总而言之，清代家具的特点主要有：一是造型厚重，形式

寻觅历史的踪迹

清式家具

繁多。清式家具在造型上厚重，家具的总体尺寸比明式家具要宽大，局部尺寸、部件用料也随之加大。比如清代的太师椅、三屏式的靠背等，是清式家具的典型代表。清式家具在结构上承袭了明式家具的榫卯结构，充分发挥了插销挂榫的特点，凡桌、椅、屏风，在石与木的交接或转角处，都是严丝合缝，无修补痕迹。家具的主料木材，选料精细，表里如一，无节，无伤，完整无瑕。二是用材广泛，装饰丰富。清式家具喜于装饰，颇为华丽，充分应用了雕、嵌、描、堆等工艺手段。雕与嵌是清式家具装饰的主要方法。雕漆在清代有福建雕漆；嵌有瓷嵌、玉嵌、石嵌、珐琅嵌、竹嵌、螺钿嵌、骨木镶嵌、骨木嵌、珐琅嵌和瓷嵌。三是充分运用骨嵌的作用。骨嵌用于家具上，是清代的创举。骨嵌的鼎盛时期是乾隆中叶，特点有：骨嵌工艺精良，拼雕工巧。工艺制作上保持多孔、多枝、多节，块小而带棱角；表现形式分为高嵌、平嵌、高平混合嵌三种；骨嵌用材多为红木、花梨等贵重木材；骨嵌题材可分为人物故事、山水风景、花鸟静物和纹样四类。

遗憾的是，清代中期以后，中国各类传统艺术以及家具，无论制作的工艺还是设计的构思，都渐入末途。清末民初，新贵和年轻商人追求时髦，开始选用西洋家具。进入民国，古典家具开始受到一些西方人和中国建筑学家的重视。20世纪30年代，梁思成等人创立了"营造学社"，开始收集和研究明代家具，出版了介绍中国古典家具的著作《明代黄花梨家图考》。此书在西方影响很大，西方人开始大量收购、搜集中国明清家具，从而使中华民族珍贵的民族文化又一次流失，遭受再一次的切肤之痛。

第六章

文物故事与文物大家

寻觅历史的踪迹

　　文物是有形的历史文化载体，是人类历史发展的见证，是人类在社会活动中遗留下来的具有历史、艺术、科学价值的遗迹和遗物。文物研究在中国是一门古老的学问，滥觞于古代金石学；但文物学在中国是一门起步较晚的学科，20世纪80年代才逐渐建立。近年来，文物学成为日益兴旺的新兴研究领域，在文物收藏、鉴定、拍卖、保护等方面作用突出。古今中外的任何一件文物，都有着与其诞生、流传的过程中所发生的各种故事，而从故事中我们也可以品味到文物背后的世态炎凉。另外，从事文物古迹研究，离不开文物专家们的辛勤工作，他们运用自己的学识与人格，为我们逐个解开了古代文物的来龙去脉与真实面目，使我们不仅认识了某件文物的文化背景，更使我们懂得了文物之后的民族精魂。本章我们就来分别说说诸如端方与古埃及彩绘木棺，大收藏家沈吉甫受骗古月轩的故事，以及史树青、金石学家陈介祺、张伯驹、马未都等文物收藏大家。

第六章 文物故事与文物大家

与文物有关的故事

古今中外的任何一件文物，都有着与其诞生、流传的过程中所发生的各种故事，而从故事中我们也可以品味到文物背后的世态炎凉。下面我们将介绍几个文物故事：

◆ 端方与古埃及彩绘木棺

1905年，清廷派镇国公载泽、户部侍郎戴鸿慈、兵部侍郎徐世昌、湖南巡抚端方、商部右丞绍英分两路出洋考察宪政，载泽、徐世昌、绍英赴英、法、日本和比利时等国；戴鸿慈、端方赴美国、德国、意大利和奥地利。1906年端方在考察归国途中，在开罗停留一日，购买了一批古埃及文物，其中就有古埃及彩绘木棺，是稀世珍宝。端方不仅是清朝重臣，而且也是金石学家。彩绘木棺长185厘米，宽63厘米，高47厘米，呈人形状。木棺是公元前305—前30年的托勒密王朝时代的。木棺里曾放过阿赫米姆人贵族女子塔荷努特的木乃伊。现木乃伊已不存在。塔荷努特生前是敏神（古埃及主生殖的神）的女祭司。

古埃及彩绘木棺棺盖上绘有死者生前的容貌，面部是彩绘镀金的。她头戴假发，胸前佩戴着宽大的胸饰，垂到胸部以下。胸饰下面是真理女神玛奥特张开双翼保护死者的形象。她的两旁各绘一头保护死者的神牛，它是冥世圣牛，起着保护死者的作用。狮形停尸床下面是四个瓮罐，从狮首至狮尾依次排列，里面分别装着死者的四种内脏：肝、肺、胃、肠。瓮罐的盖子与此相对应，分别被固定为鹰神荷鲁斯四个儿子的形象——人头伊姆

彩绘木棺

寻觅历史的踪迹

塞特、狒狒头哈皮、豺狼头杜阿穆特夫和猎鹰头克布塞努夫。它们专门负责保护死者的这四种内脏。狮形停尸床的左侧，依次站着母牛神哈托尔、狮女神塞赫迈特、墓地神阿努比斯和鹰神荷鲁斯；右侧依次是女神伊西丝、伊西丝的丈夫冥神奥西里斯、狮女神塞赫迈特和墓地神阿努比斯。棺盖上还绘有死者在来世的诸多保护神。木棺是用一根棕榈树干掏空制作的，木棺脚部被虫蚁蛀食，有些损坏。

◆沈吉甫受骗"古月轩"

沈吉甫，浙江宁波人，在西交民巷独资开设懋业银行，是民国时期北京金融界的知名人士。他极喜收藏，藏品大多为古代名贵瓷器，数目达千余件。康熙、雍正、乾隆的官窑珐琅彩瓷器乃国之瑰宝，并有个美丽的名字"古月轩"。1932年春的一个早晨，沈吉甫散步回来吃早点，女仆请他给一位军官看件古玩瓷器。女仆双手捧着黄色包袱，打开包袱露出锦匣，从锦匣软囊中取出件约28厘米高的珐琅彩蒜头瓶，递给沈吉甫。沈吉甫戴上老花镜仔细观看，瓶上画着蝶恋花。两朵怒放、两朵半放、一朵含苞的牡丹；一只蝴蝶向上飞翔，一只蝴蝶俯冲飞向花蕊。珐琅彩这具有特色的彩绘艺术，引起了沈吉甫的兴趣。再看瓷釉，晶莹精致，瓷胎滑腻。后看款识，界乎宋体和楷书的"乾隆年制"四字蓝色料款；款外有蓝色二层方格，外粗内细，外方格四角是折角，是乾隆珐琅彩瓷器的款识规格，釉色彩色细腻艳丽无比。

沈吉甫闭目不语。他三十余年搜集，尚未见到这样好的古月轩瓷器。女仆把包袱抖开要包锦匣时，沈吉甫眼前一亮。包袱是杏黄色缀有玉别子和袢儿，锦匣上写着"乾隆官窑珐琅彩蒜头瓶"的名目签，还有编号。沈吉甫想：这样的包袱和锦匣，是皇宫里的东西。于是问女仆那军官从哪里拿来的这瓶子，女仆告诉他这是他们长官的东

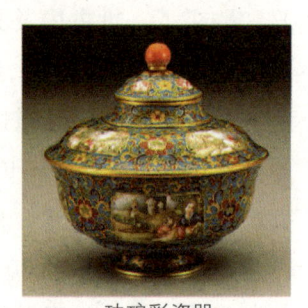

珐琅彩瓷器

第六章　文物故事与文物大家

西，还是成对的，有几对。一个星期后，那位军官带来一对玉壶春、一对橄榄瓶，请沈吉甫鉴赏。乾隆官窑珐琅彩玉壶春瓶高约27.5厘米，珐琅彩绘图案为"百花呈瑞"。中间绘牡丹，周围绘菊花、牵牛花等各种花卉，百花齐放，鲜艳异常，细腻而逼真。乾隆官窑珐琅彩橄榄瓶高约26.5厘米，珐琅彩绘图案为"岁寒三友"松竹梅。大片青翠，微红点缀，别具韵味，配有书法精美的五言诗和胭脂水色"君子"二字的朱文印章。

沈吉甫爱不释手，军官开口说："这是我们长官的东西。军人只知打仗，不懂古玩瓷器。我们长官说，沈先生如看好了，请他珍藏。军队开拔带着不方便。"沈吉甫笑着说："我不收藏古玩了，但见了好东西还爱看。"军官说："您爱看，东西放在府上，您尽量欣赏。"这位军官没过5天，带来另一位军官拜会沈吉甫。军官说："司令不想把这些东西带回太原，更不愿露出风声，引起南京方面的事端。咱们秘密交易如何？"说来说去，沈吉甫愿出10万块银元，但要10天后交款。两位军官怕"夜长梦多"，说："军令如山倒。命令一下我们就要撤走，恐怕等不了10天。"沈吉甫求宝心切，3天内就向军官交了10万块银元。

军官走后，沈吉甫马上约请北平琉璃厂铭珍斋经理韩敬斋和延清堂的二师兄安溪亭来观赏古月轩。这两位是鉴定官窑瓷器眼力最好的古董商，也是沈吉甫信得过的老朋友。他们俩都看出是民国初的仿制品，但不敢直说，怕把沈老气出毛病来。两人哼呵几句开始聊别的，不评论眼前摆着的瓷器。沈吉甫心里也明白了。沈吉甫受诈骗之后，甚觉天津租界地不安全，仆人也不可靠。不久，他返回故里宁波。抗日战火燃起后，他到上海居住，不同古玩商交往，最后老死在上海。

古月轩

237

寻觅历史的踪迹

◆千古名画《清明上河图》

关于《清时上河图》有这样一个故事。故事发生在北宋的都城汴梁，也就是今天的河南开封，那时的汴梁店铺林立、繁华热闹。冬去春来，转眼又到了清明时节。此时农家人已经在田垄菜地里劳作，播种下期待丰收的种子；贩运货物的商人上路，驮货的驴骡在弯曲的小路上排成行；城里的商家开张了；街道上车水马龙，川流不息，坐轿的、骑马的、提篮的、挑担的，忙忙碌碌，热热闹闹。在忙碌的人群中，有一个人显得格外扎眼，他肩没挑担、手没提篮，不像买卖人；他行路悠闲，左顾右盼，又不像赶路人，那么，他到底是谁呢？

他叫张择端，擅长风俗题材画，曾经在街头以卖画为生，后来又到宫廷画院任职，是北宋时期大名鼎鼎的画家。张择端出行的目的不是休闲游玩，而是深入街巷观察了解民俗民情，为绘画创作做准备。一分耕耘，一分收获。经过数载寒窗，张择端终于创作完成了巨幅画卷《清明上河图》。画被送进皇宫里，摆放在宋徽宗的龙书案上。画被慢慢展开了，在场的人发出一阵阵由衷的赞叹。《清明上河图》以全景式的构图，细腻的笔法，真实地记录了宋徽宗宣和年间也就是公元1119年到1125年间汴梁繁华热闹的景象，展示了汴河沿岸以及东角门里市区清明时节的风光。

宋徽宗对《清明上河图》爱不释手，大加赞扬，他提起笔，用他那刚劲有力的"瘦金体"，在画的卷首题写了"清明上河图"五个字，还盖上他那枚特制的双龙小印，从而使这幅画身价倍增，宋徽宗也就成为这幅传世杰作的第一位收藏者。公元1126年，金兵大举进犯中原，一路上攻城掠地，势如破竹，很快就占领了北宋的都城汴梁。1127年，宋徽宗、宋钦宗父子被金兵俘虏，《清明上河图》被金兵掠走，流落到了北方。从此，《清明上河图》就开始了四次进宫又四次出宫的曲折经历。公元12世纪末，一代天骄成吉思汗统一了蒙古族部落。1271年，成吉思汗的孙子、元世祖忽必烈建立了元朝，定都大都，也就是今天的北

第六章 文物故事与文物大家

京。在攻占金朝和南宋城池同时，元朝人接收了大量的珍贵书籍和字画，《清明上河图》被收进了元朝的皇宫。这是《清明上河图》第二次进入皇宫了。《清明上河图》虽然被收入了皇宫，但是元朝的皇室人员并没有认识到《清明上河图》的宝贵价值，它被长时间遗弃在库房里，无人问津。

有一天，元朝内务府的一名装裱匠在书库里发现了《清明上河图》，装裱匠欣喜若狂，他早就听说过这幅宝画，没想到在书画堆里意外地发现了它。从见到宝画的那一刻起，装裱匠就开始琢磨怎么才能把画偷出去。他绞尽脑汁终于想出了一个掉包计，装裱匠用一个仿本偷偷地把原作换了出来，然后把原作《清明上河图》以高价卖掉了，发了一笔大财。就这样，《清明上河图》第二次被弄出了皇宫，流落到了民间。后来，《清明上河图》曾经被元朝人杨准、明朝人李东阳等人收藏。

到了明朝，明朝奸臣严嵩想把天下的珍奇财宝都搜刮到自己府里，《清明上河图》成为他追寻的目标。他派出爪牙四处打探《清明上河图》的下落。严嵩绞尽脑汁终于打探到了《清明上河图》的下落，并把宝画弄到了手。后来，严嵩被御史邹应龙等人弹劾，官场失势，被罢官为民，严府家产被抄，《清明上河图》进入了明朝内府。

《清明上河图》进入明朝皇宫以后，不知道为什么竟然到了太监冯保的手里。1578年，冯保《清明上河图》卷后题跋，他说："余侍御之暇，尝阅图籍，见宋时张择端《清明上河图》……虽隋珠和璧，不足云贵，诚稀世之珍欤，宜珍藏之。"这段话的意思是：太监冯保在伺候皇上的闲暇时候，阅览图书，见到了张择端的《清明上河图》。《清明上河图》是稀世珍宝，应该好好收藏。

经历了许多曲折之后，1946年，中国人民解放军进驻吉林长春市，当地干部把收集到的《清明上河图》等珍贵文物交到东北行政委员会。这些字画最初收藏在东北博物馆，后来被调入北京，珍藏在北京故宫博物院。从北宋时开始，历经元、明、清三朝，《清明

寻觅历史的踪迹

上河图》四次进入皇宫，又四次被偷盗出皇宫。1949年新中国成立以后，《清明上河图》又一次回到北京，进入了北京故宫博物院，从此，这卷稀世名画找到了它最终的归宿。

◆卜千秋壁画墓

在已发掘的大量西汉壁画墓中，河南洛阳的《卜千秋墓壁画》保存得最为完整，内容新奇，绘画技艺高超，在中国和世界美术史上也有着重要的地位，是罕见的国宝珍品。1976年初的一天，河南洛阳一家面粉厂正在修建防空洞。但见挖掘机、推土机轰鸣，水塔的地基眼看就要挖好，突然，挖掘机碰到了坚硬的石板，一座古墓葬被发现了。厂领导得到消息后，马上下令停止施工，并立即报告了洛阳文物部门。同年6月，考古人员经过深入发掘，一座珍贵的西汉墓葬呈现在人们眼前。只见整个墓室全部用砖砌筑，墓坐西朝东，墓室结构由墓道、墓门、主室、左右耳室组成。走进墓室，首先映入眼帘的就是墓顶的彩色壁画，画面极其精美，人物和动物栩栩如生。经过仔细发掘，主室内有并列的两口木棺已经腐烂；南棺内随葬有四乳蟠螭纹铜镜一面，五铢钱10枚；主室和北耳室内共出土文物60件，其中铜器8件，铁器5件，陶器47件。专家们经过仔细发掘，在北棺内又有了新的发现。北棺内随葬有昭明镜一面和一枚铜印，印面阴刻篆书"卜千秋印"，还有铁剑、带钩和五铢钱等。根据铜印篆书，专家们把这座墓命名为卜千秋墓。

《卜千秋墓壁画》里有一位披羽衣和袒腹的持节方士，这就是天国派来迎接卜千秋夫妇升天的信使，手里拿着竹节。在古代，竹节常被用来做信符，从中间劈开成两半，信使和收信人各持一半。卜千秋墓壁画的生动、多彩的艺术形象的创造，是作者丰富的艺术想像力和创造力的表现，如壁画中龙形象的刻画，就是作者综合了鳄鱼、猛兽、飞禽等多种动物的局部特征，运用夸张的艺术手法创造出来的；白虎和朱雀等形象，则运用了写实手法，然而又不是自然界的虎、雀的简单描摹，而是作者抓住猛虎的

第六章 文物故事与文物大家

外部形态和性格特征加以夸张和强化，出色地表现出猛虎徐缓中的迅捷、柔韧中的雄健；朱雀则是以孔雀为原型的神鸟，作者通过对雀冠的夸张处理，对雀尾羽的简化，以及对雀的姿态做了大胆的设计，使朱雀显得既雍容华丽，又气宇轩昂，在艺术上体现了理想性与真实性的有机结合。《卜千秋墓壁画》气魄深沉雄大，其运笔勾线，轻重、虚实、顿挫以及韵律变化恰到好处。勾描出的龙体，圆滑滚

河南洛阳的《卜千秋墓壁画》

转；白虎，浑厚劲健；朱雀，口喙坚利；仙翁，飘飘欲飞；女娲，柳眉樱口，面相端庄。壁画用色，以朱红为基调，在重点地方"随类赋彩"，恰如其分地运用了色彩的明暗、浓淡、冷暖、虚实，取得了强烈的色彩效果。

文物百花园

清昭西陵

在清东陵陵区的外面，有一组黄瓦红墙的建筑格外引人注目，这就是清东陵的昭西陵，陵中安葬的是孝庄文皇后。孝庄文皇后，是清太宗皇太极的妃子，顺治皇帝的亲生母亲，康熙皇帝的祖母。1668年，孝庄文皇后患病后在慈宁宫去世，享年75岁。去世前孝庄文皇后留下遗言："太宗文皇帝梓宫安放已久，不可为我轻动，况我心恋汝皇父及汝，不忍远去，务于孝陵近地，择吉安厝，则我心无憾矣。"祖母的遗言，让康熙皇帝左右为难：若按祖制将祖母送往盛京，也就是今天的沈阳与祖父皇太极合葬，那显然违背了祖母的遗愿，也是康熙最不愿意的；可是

寻觅历史的踪迹

昭西陵

要按照祖母的吩咐葬在孝陵附近，又违背了祖制，怎么办好呢？康熙皇帝采取了一个折中的办法，就是在东陵的前面、风水墙外建一座暂安奉殿。还下令把他为祖母生前修建在慈宁宫的一座面阔五间，恢弘壮观的宫殿拆运到东陵重建，并再三叮嘱拆卸时原件不可缺损，基址务必牢固等等。经过3个月的紧张施工，于康熙二十七年，也就是1689年3月竣工。由于不是正式陵寝，所以命名为"暂安奉殿"。直到雍正二年也就是1725年，孝庄文皇后的葬地问题才被提到了议事日程。雍正认为：孝庄皇后的棺椁停在暂安殿内不是长久之计，暂安奉殿的所在地可以改建为陵寝。于是1726年十二月初十，孝庄文皇后的棺椁才被正式葬入地宫。因为皇太极的陵叫昭陵，位于东北的盛京，孝庄文皇后的陵建在河北的遵化，方位是昭陵的西面，按照清朝皇后陵命名的办法，将孝庄文皇后的陵定名为昭西陵。

◆贼手伸向千年古佛

1999年9月6日，北京市第一中级人民法院遵照执行死刑命令，将盗窃国家一级文物北魏太和造像的盗窃犯、抢劫犯陈孟星验明正身，押赴刑场，执行枪决。陈孟星成为新刑法实施后，北京市首名因盗窃文物被判处死刑的罪犯。那么陈孟星等人是什么人？北魏太和造像又是什么样的文物呢？让我们回到一年前的3月，北京海淀区凤凰岭风景旅游区。凤凰岭风景旅游区位于北京市海淀区西北部山区，这里山峦平缓蜿蜒、林木丛密，北京市境内年代最久、文物价值最高、带有彩绘的石佛像——北魏太和造像，就曾供奉在景区内山谷中一块台地上的方石亭中。这座雕刻于南北朝时期北魏太和二十三年（499年）的佛像，被盗时恰好差一年1500岁。在这座石像背面下方刻有造像记："太和十三年三月十五日阎惠端为

第六章 文物故事与文物大家

皇帝太皇太后造像。"太和是北魏孝文帝的年号。1957年10月28日，北魏太和造像与故宫、颐和园等被列为北京市第一批文物保护单位。

1998年，正是中国田野石刻被盗的高峰期，陈孟星就是"偷盗大军"中的一员。他祖籍河北曲阳，这里的农民历代都靠石雕手艺和买卖石雕外出谋生，与石雕长期接触使他们对古代佛像也有一定的了解和价值辨别能力。1997年，陈孟星曾伙同冯臭儿、曹社真等10余人，携带作案工具乘一辆卡车，窜至山西寿阳县羊头崖乡独堆村内，抢走村内福海寺中的国家二级文物明代弥陀造像石碑一座，并藏匿在曹社真家中。这次盗窃得手，让陈孟星尝到了甜头。此后，他不断地在全国各地流窜，寻找目标。海淀区聂各庄乡附近有多个采石场，陈孟星的几个同乡在这里打工采石。来到同乡这里串门的陈孟星听说这里保存有一尊大佛时，他的眼中闪出贪婪的目光。1998年3月24日，他和同伙先从河北定州租了一辆客货两用车，带着撬棍、木制手推车等星夜开往北京。夜里两点多时，他们七人将车停在车耳营村口，一人守车六个人推着手推车悄悄来到北魏太和造像前。因为怕遭报应，六个人先跪倒磕头，然后立刻开始偷盗行为。

北魏太和造像

由于佛像有一吨多重，他们刚把佛像撬出须弥座，就因为没有扶稳，佛像轰然倒下摔成5块。这声巨响，引起了村内一阵狗叫。几个人吓得几乎魂飞魄散，他们急忙丢下撬棍，将佛像碎块用手推车拉到村外装上汽车，发疯似地往河北开去。他们到曲阳附近的新乐县后，狡诈地将佛像倒入一辆拖拉机上，上面盖满了沙子，最终将佛像拉到所居住的村中，埋入陈孟星家的后院。就在他们几个以为万事大吉，开始做发财梦时，法网已经张开。第二天早上，守佛人姚志明的妻子张宝英来到放置佛像的石屋门前，发现门被打开，里面的石佛也不见

243

寻觅历史的踪迹

了踪影。她几乎瘫倒在地上，赶紧和丈夫一起报警。

当警察和北京市文物局的领导赶来时，姚志明几乎泣不成声。刑警们很快将怀疑重点锁定河北曲阳县。刑警们认为，当务之急是不能让罪犯出售佛像，更不能让佛像流失海外。天津、大连、秦皇岛等港口加大海关检查力度。同时，副队长王毅带领几名侦查员立刻赶赴曲阳。每天，刑警们扮成买石像的商人，在曲阳比较著名的买卖石雕像的阳平镇、底村、南故张村等地寻找佛像的蛛丝马迹，并深入当地的古旧石雕买卖的大户中了解情况。到了9月份，刑警们得到线索，有人要以10万元的价格，出手一尊破碎的石佛像。9月29日，在当地公安干警的配合下，陈孟星、刘学如、王立强等三名罪犯被一举抓获，并在曲阳县阳平乡村中起获了佛像。

1998年9月29日，北京市公安局刑侦处干警带着已被摔成5块的北魏太和造像从河北曲阳胜利返回北京。北京市文物局决定北魏太和造像暂时入藏北京石刻艺术博物馆，由该馆组织专家修复。2005年12月16日，首都博物馆举办了建成典礼，北魏太和造像被陈列在该馆五层的佛造像艺术展厅中最显要的位置，迎接观众。

文物大家介绍

文物专家运用自己的学识与人格，为我们逐个解开了古代文物的来龙去脉与真实面目，使我们不仅认识了某件文物的文化背景，更使我们懂得了文物之后的民族精魂。下面，就给读者介绍几位著名的文物大家：

◆ 文物大家赵明诚

赵明诚（1081—1129年），字德甫，山东诸城人，宋徽宗崇宁年间宰相赵挺之第三子。著名金石学家、文物收藏家，生于宋神宗元丰四年（1081年），卒于宋高宗建炎三年（1129年）。赵明诚21岁尚

第六章 文物故事与文物大家

在太学读书时，与李清照结婚。大观元年（1107年）三月，赵挺之去世，遭蔡京诬陷，被追夺赠官，家属受株连。赵明

《金石录》

诚夫妇从此屏居青州乡里13年。宣和年间赵明诚先后出任莱州、淄州知州。宋高宗建炎元年（1127年）起知江宁府。宋高宗建炎三年（1129年）移知湖州，病逝于建康。

赵明诚致力于金石之学，自谓："余自少小喜从当世学士大夫访问前代金石刻词。"与李清照结婚后，对金石学志趣更是有增无减，有"尽天下古文奇字之志"。屏居青州与出守莱州、淄州时期，是赵明诚金石事业最有成就的时期。从大观二年（1108年）至宣和三年（1121年），赵明诚曾四游仰天山，三访灵岩寺，一登泰山顶。或题名，或拓片，获得了大量的碑文资料。在李清照帮助下，赵明诚完成了《金石录》。这是一部继欧阳修《集古录》之后的研究金石之学专著。著录所藏金石拓本，上起三代下及隋唐五代，共2000种，是研究古代金石刻必读之书。

◆ 文物大家郭葆昌

郭葆昌（1867—1940年），字世五，别号觯斋主人，河北定兴人。早年入北京古玩行，在西城羊城大街古玩铺学徒。后入袁世凯府。据传，一日袁世凯心情不爽，感叹其庭院内缺少荷花，郭葆昌闻知后，连夜驱车从老家定兴赶运十车荷花栽入池塘。次日袁世凯忽见满池美荷，惊喜十分，遂提拔郭葆昌为袁府总管，郭氏投机钻营的能力可见一斑。自此，袁府内务均由郭一手操办，直至旷世的袁世凯葬礼。郭葆昌在袁府任总管期间，管理景德镇窑，烧制了名震一时的洪宪瓷，另外"觯斋"瓷极为罕见。郭葆昌在瓷学上的造诣颇深，曾被易培基任命为故宫博物院瓷器馆馆长，编纂了《唐俊公先生陶务纪年表》，撰写了《瓷器概说》，是近

寻觅历史的踪迹

毛公鼎

代第一部向西方人士系统介绍中国瓷器的专著。另外还有《项子京藏瓷器图谱》。

郭葆昌的瓷器收藏在当时极负盛名。与瓷器收藏相比，郭葆昌的字画收藏有过之而无不及。其中最著名的是王珣的《伯远帖》和王献之的《中秋帖》。《伯远帖》和《中秋帖》曾为乾隆皇帝三希堂中的二希。二希的购藏直接刺激了张伯驹随后倾其全力收购了陆机的《平复帖》。以上三帖是当今北京故宫博物院里的镇馆之宝。另外还有唐寅的《孟蜀宫妓图》、仇英的《沧浪渔笛图》、王严叟的《墨梅卷》、邹复雷的《春消息图卷》、王渊的《鸲鹆梅雀图》、焦秉贞的《午瑞图册》和文俶的《宜男图卷》等。郭葆昌去世后，收藏的文物大都由其子郭昭俊携至香港。

◆金石学家陈介祺

陈介祺（1813—1884年），字寿卿华博，号簠斋，金石家，山东潍县人。清吏部尚书陈官俊之子。1835年中举人，1845年中进士。此后10年间，一直供职翰林院。居京时他广泛涉猎各种文物典籍，对于经史、义理、训诂、辞章、音韵等学问，无不深入研究，尤酷爱金石文字的搜集与考证。曾与何绍中、吴式芬、李方亦等金石学者互相切磋。他不惜巨资搜集文物，仅三代、秦汉古印一项，就有7000余方。咸丰四年（1854年）返归故里，不再为官，专心致志从事金石研究，到处购求文物。他收藏的文物中青铜器最多，其中的毛公鼎，驰名中外。他藏有商、周古钟11

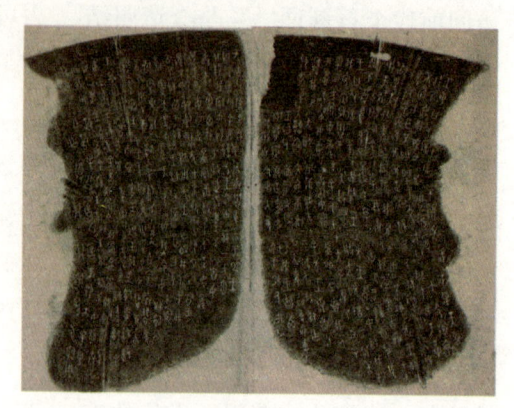

毛公鼎拓片

第六章　文物故事与文物大家

件，秦汉印7000余方，建立"万印楼"。此外还有商周铜器235件，秦汉器物80余件，以及秦汉刻石、各种古钱、陶、瓷、砖瓦、碑碣、造像、古籍、书画等精品，达万件以上。著有《钟山房印举》《封泥考略》《簠斋古别录》《簠斋古金录》《簠斋金文考释》《簠斋藏镜》，还有后人辑的《陈簠斋尺牍》，保留了丰富的学术资料。

◆文物大家张伯驹

张伯驹（1898—1982年），字家骐，号丛碧，别号游春主人、好好先生，河南项城人，1898年3月14日生于官宦世家，系张锦芳之子，过继其伯父张镇芳。他与张学良、溥侗、袁克文一起称为"民国四公子"，是我国老一辈文化名人中集收藏鉴赏家、书画家、诗词学家、京剧艺术研究家于一身的文化奇人。曾任故宫博物院专门委员、国家文物局鉴定委员会委员、吉林省博物馆副馆长、中央文史馆馆员、燕京大学国文系中国艺术史名誉导师、北京中国画研究会名誉会长、中国书法家协会名誉理事。

张伯驹一生醉心于古代文物，致力于收藏字画名迹。30岁开始收藏中国古代书画，有118件之多，被称为天下第一藏。曾买下中国传世最古墨迹西晋陆机的《平复帖》，传世最古画迹隋展子虔的《游春图》，著有《丛碧书画录》。此外还有唐朝杜牧《张好好诗卷》，宋黄庭坚《诸上座帖》、赵佶《雪江归棹图卷》，元钱选《山居图卷》等。20世纪50年代起，张先生夫妇陆续将收藏30年之久的书画名迹捐献国家，表现了崇高的爱国情操和无私的奉献精神。1965年，张伯驹将《百花图》捐献给吉林省博物馆。而陆机的《平复帖》、展子虔的《游春图》、杜牧《张好好诗》等古代书画极品都是故宫博物院的镇院之宝。

◆文物大家沈从文

沈从文（1902—1988年），原名沈岳焕，笔名休芸芸、甲辰、上官碧、璇若等，乳名茂林，字崇文，湖南凤凰人。沈从文是现代著名作家、历史文物研究家、京派小说代表人物。14岁时，投身行伍，

寻觅历史的踪迹

浪迹湘川黔边境地区，1924年开始文学创作，抗战爆发后到西南联大任教，1931年—1933年在山东大学任教。1946年回到北京大学任教。沈从文代表作有《边城》《长河》《湘行散记》《蜜柑》《雨后及其他》《神巫之爱》《龙珠》《旅店及其他》《石子船》《虎雏》《阿黑小史》《月下小景》《八骏图》《新与旧》《主妇集》《春灯集》《黑凤集》《阿丽思中国游记》《边城》《长河》《废邮存底》《烛虚》《云南看云集》，在中国文坛中被誉为"乡土文学之父"。

沈从文也是收藏家，建国后在中国历史博物馆和中国社会科学院历史研究所工作，主要从事中国古代服饰的研究。早在20世纪20年代，年仅20来岁的沈从文即为湖南保靖鉴藏家张渠珍整理古籍、管理古代陶瓷和书画等，并做编目工作，为此培养了他对收藏的兴趣，也打下了他鉴别文物的基础。30年代，他生活略有好转，便节衣缩食将多余的薪金和稿酬不断从古玩市场收购一些小玩艺儿来欣赏。沈从文对文物古籍主要在于研究，他写的《"明锦"题记》对明锦的起源、品种、出口、染料、技艺、吉祥图案等进行了研究探讨。1950年，沈从文被分配到中国历史博物馆工作，对历史文物专心探讨，先后写出了《唐宋铜镜》《龙凤艺术》《战国漆器》《中国丝绸图案》等文物箸作。1981年出版了历时15年的《中国古代服饰研究》专著。

◆ 文物大家史树青

史树青（1922—2007年），1922年8月16日生，河北乐亭人。当代著名学者、史学家、文物鉴定家。1945年毕业于北平辅仁大学中文系。工书法，精鉴赏，以考古鉴定驰誉中外。曾任中国历史博物馆研究员，国家文物鉴定委员会副主任委员，南开大学历史系兼职教授，北京大学考古系研究生导师，中国收藏家协会会长。1980年调查、鉴定江苏连云港孔望山石刻群，提出是我国最早的佛教石刻，早于敦煌石窟、云岗石窟200年。1958年参加中国科学院新疆少数民族社会调查，编写简史、简志，参加哈萨克族简史、简志的编写工

第六章 文物故事与文物大家

作。1959年筹建中国历史博物馆，负责文物藏品征集保管工作，并担任明清陈列组副组长。2007年11月7日凌晨1点，在阜外心血管医院去世，享年86岁。主要著作有《长沙仰天湖出土楚简研究》《天安门》《祖国悠久历史文化的瑰宝》《应县木塔辽代秘藏》《楼兰文书残纸》《书画鉴真》等。主要研究工作为《中国历史博物馆藏法书大观》担任全书主编。内容包括甲骨文、金文、陶文、玺印、篆刻、碑刻拓本、墓志、法帖、晋唐文书、晋唐写经、战国秦汉唐宋元墨迹、明墨迹、清墨迹、明清扇面墨迹、近代书札等。

◆ 文物大家王世襄

王世襄（1914—2009年），号畅安，祖籍福建福州，1914年5月25日生于北京。文物专家、文物鉴赏家、收藏家。母亲金章是著名的鱼藻画家。王世襄1938年获燕京大学文学院国文系学士学位。1941年获燕京大学文学院硕士。1945年10月任南京国民党政府教育部清理战时文物损失委员会平津区助理代表，在北京、天津清理追还在战时被劫夺的文物。1946年12月—1947年2月被派赴日本任中国驻日本代表团第四组专员，交涉追还战时被日本劫夺的善本书等文物。1947年3月任故宫博物院古物馆科长及编纂。1949年8月后在故宫博物院任古物馆科长及陈列部主任。1953年在民族音乐研究所工作，担任有关音乐史方面的研究，编纂《中国古代音乐书目》，撰写古琴曲《广陵散》说明《信阳楚墓出土乐器调查》。1961年在中央工艺美术学院讲授《中国家具风格史》。1994年1月，专著《明式家具珍赏》获第一届国家图书奖提名奖。1994—2009年任中央文史研究馆馆员。

王世襄被人们称为"京城第一大玩家"，学识渊博，涉及书画、雕塑、烹饪、建筑等方面。他对工艺美术史及家具，尤其是

《锦灰堆》

寻觅历史的踪迹

对明清家具、古代漆器和竹刻等，均有深刻研究和独到见解。其他著作还有《髹饰录解说》《明式家具珍赏》《锦灰堆》《画解》《新增鹰鹘方》《烧炉新语》《中国古代音乐书目》《画学汇编》《竹刻艺术》《竹刻鉴赏》《竹雕品鉴与收藏》《明式家具研究》《明式家具萃珍》《中国古代漆器》《中国美术全集·竹木牙角器》《中国美术全集·漆器》《蟋蟀谱集成》《说葫芦》《中国葫芦》《中国画论研究》《中国金鱼文化》《高松竹谱》等。2009年11月28日王世襄在北京去世，享年95岁。

◆收藏名家马未都

马未都，1955年生于北京，祖籍山东荣成，中国民主建国会会员，收藏专家，观复博物馆的创办人及现任馆长。马未都早年下过乡，插过队，回城后当了几年机床工。1980年开始文学创作，1981年发表小说《今夜月儿圆》，小说发表后调为《青年文学》的编辑。80年代末90年代初，与王朔、刘震云等人一起组建了"海马影视创作室"，创作了电视剧《编辑部的故事》《海马歌舞厅》。80年代开始收藏中国古代器物，陶瓷、古家具、玉器文玩等藏品逾千件。1996年10月，观复古典艺术博物馆成立。1997年1月18日，观复古典艺术博物馆正式对公众开放。1999年为配合世界建筑大会，观复古典艺术博物馆举办了中国古建筑门窗及陈设展。2000年伊始，观复古典艺术博物馆迁至朝内南小街。2002年，马未都创办了全国首家私立博物馆分馆——观复博物馆杭州馆。2004年，观复古典艺术博物馆迁至朝阳区大山子张万坟金南路18号。2005年，创办观复博物馆厦门馆。2007年，观复古典艺术博物馆正式更名为"观复博物馆"。主要著作有《马说陶瓷》《明清笔筒》《中国鼻烟壶珍赏》《中国古代门窗》《马未都说收藏》（共五本，分别为《马未都说收藏·家具篇》《马未都说收藏·陶瓷篇（上）》《马未都说收藏·陶瓷篇（下）》《马未都说收藏·玉器篇》《马未都说收藏·杂项篇》）等。